■ 대한민국 경제사 연표   ■ 세계 경제사 연표

한국, 8.15 광복

1945년

독일 항복, 국제 연합 결성
국제통화기금(IMF) 설립

1946년

최초의 전자계산기
애니악 발명
국제부흥개발은행(IBRD) 설립

현대토건,
락희화학공업사 설립

1947년

관세 및 무역에 관한 일반 협정
(GATT) 합의
미국 벨연구소 트랜지스터 발명

대한민국 정부 수립
한미원조 협정 조인
삼성물산공사 설립

1948년

농지개혁법 제정
6.25전쟁(~1953)

1950년

대한석유공사 설립
제3공화국 탄생, 박정희 대통령 취임

1963년

워싱턴-모스크바간 핫라인 설치

수출 1억 달러 달성

1964년

베트남 파병(~1972)
가족계획사업 시작
현대건설, 국내 최초로
해외 진출

1965년

금성사, 국내 최초
흑백 TV 개발

1966년

제2차 경제개발
5개년 계획(~1971)
현대자동차, 대우실업,
롯데제과 창립

1967년

동남아시아국가연합
(ASEAN) 창설

중화학공업 정책 추진 발표
포항제철공업,
포항제철소 1기 설비 준공

1973년

제1차 석유파동

삼성중공업,
삼성석유화학 설립
서울 지하철 1호선 개통

1974년

일본 자동차 생산국 1위 차지

제4차 경제개발
5개년 계획(~1981)
수출 100억 달러 달성

1977년

박정희 대통령 암살

1979년

제2차 석유파동
일본의 소니, 워크맨 출시

제5공화국 탄생,
전두환 대통령 취임

1981년

미국 왕복 우주선
콜롬비아호 발사

문민정부 출범,
김영삼 대통령 취임
금융실명제 실시

1993년

삼성전자, 세계 최초로
256M D램 개발

1994년

북미자유무역협정
(NAFTA) 발효

수출 1,000억 달러 달성
1인당 국민소득 1만 달러
달성

1995년

세계무역기구(WTO)
체제 발족

OECD 가입
한국이동통신,
이동통신 상용 서비스 개시

1996년

IMF에 구제금융 요청 및
IMF 지원금융 합의

1997년

아시아 경제 위기

1인당 국민소득
2만 달러 달성

2006년

이명박 대통령 취임

2008년

리먼 브라더스 파산으로
세계금융위기 시작

개발원조위원회(DAC) 가입

2009년

무역액 1조 달러 돌파
한미 FTA 비준

2011년

일본 대지진과 원전 폭발
반 월가 시위

박근혜 대통령 취임

2013년

증권거래소
발족

1956년

1957년

소련 세계 최초의 인공위성 발사
유럽경제공동체(EEC) 탄생

금성사 설립

1958년

금성사,
국내 최초 라디오 개발

1959년

한국전력주식회사
발족

1961년

석유수출기구(OPEC)
설립

제1차 경제개발
5개년 계획(~1966)
제3차 통화개혁

1962년

포항제철공업주식회사
창립

1968년

삼성전자
설립

1969년

아폴로 11호 달 착륙,
컴퓨터 통신 성공

경부고속도로 개통
전태일 분신자살,
청계피복노동조합
결성

1970년

수출 10억 달러 달성

1971년

미국 인텔,
마이크로프로세서 생산

제3차 경제개발
5개년 계획(~1976)
현대중공업, 선경유화,
선경석유 설립

1972년

닉슨, 중국 방문

금융실명 거래에 대한
법률 제정

1982년

1985년

플라자 합의 체결

노태우 대통령 취임
국민연금제도 시행
서울올림픽 개최

1988년

해외여행 완전 자유화

1989년

월드 와이드 웹 www 창안
아시아태평양각료회의
(APEC) 탄생

1991년

소련 15개국으로 분열

삼성전자, 세계 최초로
64M D램 개발

1992년

마스트리히트조약으로
유럽연합(EU) 탄생

국민의 정부 출범,
김대중 대통령 취임

1998년

남북정상회담 개최(평양),
6.15 남북공동선언
국민기초생활보장법 시행

2000년

인천국제공항 개항

2001년

9.11 테러

2002년

유럽 12개국에서
유로화 통용

참여정부 출범,
노무현 대통령 취임
칠레와 FTA 협정 서명

2003년

2015년

유엔기후변화협약
당사국총회에서
파리협정 채택

문재인 대통령 취임

2017년

1인당 국민소득
3만 달러 달성

2018년

미국-중국 무역전쟁 시작

2020년

영국 유럽연합 탈퇴
COVID-19 팬데믹

유엔무역개발회의,
한국을 선진국으로 편입

2021년

윤석열 대통령 취임
우주발사체 누리호
실전 발사 성공

2022년

인공지능 ChatGPT 공개

알면 알수록 놀라운
한국 경제의 역사

석혜원 글 | 지문 그림

아이앤북
I & BOOK

대한민국 국민 모두가 힘을 합쳐 이루어낸 경제 발전

1945년부터 현재까지 우리나라 경제가 걸어온 발전의 역사를 살펴보면 현실이 아니라 마치 영화 속 이야기 같습니다. 하루 세끼 끼니를 걱정하고 배고픔을 견디던 사람들이 허다했던 나라가 가난의 굴레에서 벗어나 1인당 국민소득 3만 달러를 넘길 정도로 잘살게 되었으니까요.

2022년, 세계 200여 개 국가 중 한국의 경제 규모는 13위, 1인당 국민소득은 33위였습니다. 그 정도는 별로 대단한 일도 아니라고요?

그렇다면 인구 5천만이 넘으면서 1인당 국민소득이 3만 달러 이상인 나라를 소개할게요. 2018년 우리나라가 이런 기록을 세우기 전에 이를 충족한 나라는 미국, 영국, 독일, 프랑스, 이탈리아, 일본 이렇게 여섯 나라입니다. 모두 20세기 전에 이미 공업화가 시작되었던 나라이지요.

이에 비해 1960년대에 들어서야 공업화가 시작되었던 한국이 이들 나라들과 어깨를 겨루게 된 것입니다. 그러니 우리나라가 얼마나 대단한 일을 이루었는지 알겠죠? 이 때문에 다른 나라 사람들은 우리나라 국민이 이룬 경제 성장을 '한강의 기적'이라는 말로 칭송했답니다.

이 책에는 이처럼 기적과 같은 한국의 경제 성장이 어떻게 이루어졌는지에 대한 이야기가 담겨 있습니다. 이 책에서 여러분은 역대 대통령과 그들을 보좌했던 경제 정책 담당자, 기업가, 과학기술자, 독일로 파견되었던 광부와 간호사, 베트남의 전쟁터를 누볐던 군인, 중동의 건설 현장에서 일했던 근로자, 세계를 뛰어다녔던 세일즈맨, 공장과 사무실에서 밤늦도록 불을 밝히며 일했던 많은 사람들과 만나게 될 거예요.

우리나라의 경제 성장은 경제 정책을 이끌고 나아갔던 사람들뿐만 아니라 각자의 일터에서 땀 흘려 일한 국민들이 있었기에 가능했습니다. 우리의 할아버지, 할머니, 아버지, 어머니들이 오늘보다 나은 내일을 위하여 최선을 다했기 때문에 개발도상국에서 선진국으로 도약을 한 유일한 나라가 될 수 있었던 거지요.

1997년 경제 위기를 맞게 되었고 이를 극복하는 시기였던 2000년대에 우리나라의 경제 성장이 둔화되자 여기저기에서 걱정하는 소리도 들렸습니다. 그러나 우리는 주저앉지 않고 다시 일어났어요.

우리나라 경제가 걸어온 길에는 주어진 삶의 현장에서 열심히 일했던 사람들의 감동적인 이야기가 많습니다. 숫자가 말해 주는 경제 성장이나 달라진 생활 환경을 아는 것보다는 이런 변화를 가능하게 만들었던 사람들의 노력을 아는 것이 더 중요하다고 봅니다.

묵묵히 자기 자리에서 최선을 다하는 사람들이 지금까지 이룬 경제 발전을 바탕으로 삶의 질을 높여서 모두가 행복한 나라를 만들어야 하니까요. 바로 여러분이 그 주인공이 되어서 말입니다.

여러분 모두가 힘을 합쳐 새 역사를 쓸 거라고 믿어도 되겠죠?

석혜원

차례

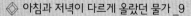
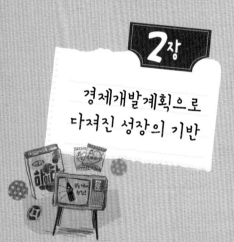

1장

배고픔에
허덕였던 시절

"할머니, 저 왔어요."

지원이는 지난 토요일에도 주말농장에서 기른 오이, 가지, 상추, 고추, 호박 등의 싱싱한 채소를 들고 할머니 댁으로 갔어.

"더운데 고생했다. 그런데 점심은 먹었니?"

할머니는 누구든지 만나기만 하면 밥을 먹었느냐는 인사를 해. 왜 그럴까?

할머니가 어린 시절을 보냈던 1950년대 우리나라는 많은 사람들이 배불리 먹어보는 것이 소원이라고 할 정도로 가난하였단다. 체중을 줄이기 위해서가 아니라 먹을 것이 없어서 끼니를 건너뛰는 사람들이 많았어. 그래서 굶지 않고 밥을 먹었는지 물어보는 것이 인사가 되었단다. 그 시절에 굳어진 이런 습관이 무의식적으로 나와서 할머니는 언제나 밥을 먹었느냐고 물어보는 거지.

할머니의 어린 시절 우리나라 경제가 어떤 수준이었는지 이야기해 줄까? 듣고 나면 왜 밥을 먹었냐고 물어보는 인사가 생겼는지 이해하게 될 거야.

해방이 되고 우리나라 사람들은 잠시 나라를 되찾은 기쁨을 느꼈지만, 바로 생활필수품을 구하는 데 어려움을 겪는 문제에 부딪치게 되었어.

일본이 한반도를 지배했던 시절, 주요 상품의 생산이나 판매는 주로 일본 사람들에 의해 이루어졌지. 그런데 해방이 되자 이들이 재빠르게 재산을 정리하여 자기 나라로 도망쳐 버린 거야. 기술이나 원료 공급에 문제가 생겨서 생활에 필요한 물건의 생산이 제대로 이루어질 수 없게 되었으므로 그것을 사는 일이 어려워진 거란다.

더욱 안타까운 것은 한반도가 남한과 북한으로 갈라졌다는 사실이야. 남한에는 민주주의 정부가 세워졌고, 북한에는 공산주의 정부가 들어서게 되었는데, 당시에는 북한의 경제력이 남한보다 더 강했어. 지하자원과 중공업 시설도 북한에 집중되어 있었지.

북한 지역에 의존했던 생산 자원을 공급받지 못하게 되자 남한의 공장들은 제대로 돌아갈 수 없게 되었어. 절반이 넘는 공장들이 문을 닫게 되자 생활필수품의 공급은 원활하게 이루어질 수 없었고, 일자리를 잃은 사람들이 넘쳐났지.

경제가 위축되어 세금은 걷히지 않는데 나라 살림에 들어가는 돈은 늘어나기만 했어. 그러자 남한의 정치를 담당하고 있었던 미군 정부에서는 돈을 마구 찍어냈단다.

시장에서 파는 물건은 줄어들었는데 돈의 양은 늘어나니까 물가는 하늘 높은 줄 모르고 올라갔지. 1945년 한 해 동안 물가는 거의 6배 정도 뛰었고, 1946년에도 4배가량 올라갔단다.

요즘은 한 해에 물가가 5%만 올라가도 아우성인데, 아침저녁이 다르게 물가가 올랐으니 경제가 얼마나 엉망이었는지 짐작할 수 있겠지?

◈ 자기 땅에서 농사를 짓게 된 농민

해방 후 이루어졌던 일 중에서 가장 획기적인 사건은 농지개혁이라고 할 수 있어. 자기 땅에서 농사를 짓는 농민을 자작농이라 하고 다른 사람의 땅을 빌려 농사를 짓는 농민을 소작농이라고 해.

해방 전후에는 전체 농토의 37%는 자작농에 의해, 63%의 농토는 소작농들에 의해 농사가 이루어졌단다. 소작농들은 추수가 끝나면 땅을 빌린 대가로 땅 주인에게 추수한 곡식의 절반을 주어야 했어. 그러니까 소작농들은 아무리 열심히 일해도 가난을 벗어나기 힘들었고 땅을 가진 지주들은 더욱 부자가 될 수밖에 없었단다.

그래서 농민들의 가장 절실한 소망은 농사를 지을 내 땅을 갖는 것이었지. 이런 농민들의 소망이 받아들여져 대한민국 정부 수립 후 만들어진 헌법에는 '농지는 농민에게 분배하며 그 분배 방법과 소유 한도, 소유권의 내용과 한도는 법률로 정한다.'는 조항이 들어갔어.

이를 바탕으로 1949년 농지개혁이 이루어졌지. 농지개혁은 국가가 지주에게 돈을 주고 땅을 사서 이를 농민에게 빌려주어 농사를 짓고, 1년 수확량의 30%를 5년 동안 국가에 내면 농민이 그 땅의 주인이 되는 방식으로 이루어졌단다. 농지개혁은 논과 밭에 대해서만 이루어졌고, 과수원이나

▲농지개혁으로 내 땅에서 농사를 짓게 된 농민

산은 대상에서 제외되었어.

　농지개혁 이후 농산물 수확량은 늘어났고, 농가의 소득도 높아졌어. 자기 땅을 갖게 된 농민들이 신이 나서 전보다 더 열심히 농사를 지었기 때문이지. 경제적 안정을 찾게 되자 농촌에서도 학교에 다니는 어린이들이 늘어나 글을 읽고 쓸 줄 아는 사람들이 많아져 농촌의 교육 수준도 높아졌단다.

　그러나 농지개혁이 한국의 농업 발전에 부정적인 영향을 끼쳤다고 보는 사람도 있어. 해방 당시 한 가구당 평균 경작 농지 면적은 1.078ha였는데, 이를 바탕으로 농지개혁을 할 때 한 가구당 3ha 이하의 농지만 가질 수 있게 정했어.

이로 인해 우리나라에서는 가족의 노동력에 의지하여 짓는 소규모 농사만 이루어지게 되었어. 그래서 대규모 농장을 가진 기업들이 농업에 종사하며 기술 발전을 통하여 농업 생산성을 키울 수 있었던 외국에 비해 우리나라의 농업 경쟁력은 떨어질 수밖에 없었다는 거야.

◇ 전쟁으로 폐허가 되어 버린 나라

미군에 의한 통치가 3년간 이루어진 후, 드디어 1948년 8월 15일 대한민국 정부가 수립되었어. 정부는 경제 안정을 위해 서둘러 여러 계획을 세웠지만 이들은 실행에 옮기지 못한 채 묻혀 버렸단다. 1950년 6월 25일 북한이 남한을 침공하여 시작된 6.25전쟁 때문이었지.

전쟁으로 먹고살 길이 막막해지자 하루하루 살아가는 일이 힘겨웠어. 많은 사람들이 미국이 원조 물품으로 보낸 밀가루로 수제비나 칼국수를 만들어 먹으며 끼니를 해결했단다. 미군 부대에서 버리는 음식 찌꺼기를 모아 끓인 꿀꿀이죽도 날개 돋친 듯 팔려 나갔어.

전쟁 중 군인들이 먹을 식량과 필요한 물품들이 들어 있는 상자는 돈을 주고도 살 수 없을 정도로 엄청난 인기를 끌었지. 상자 안에는 초콜릿, 껌, 과자, 땅콩, 베이컨과 같은 식품이나 비누와 수건 등이 들어 있었는데, 어쩌다 군인에게 이 상자를 얻은 사람이 이를 시장에 내놓으면 눈 깜짝할 사이에 팔렸단다.

전쟁이 나자 사람들은 안전한 곳을 찾아 피난길에 나섰어. 사람들이 떠나간 지역의 공장이나 가게들은 문을 닫아서 생산과 소비 활동이 제대로 이루어질 수 없었단다. 하지만 생활필수품을 구하기는 오히려 해방 직후보다 쉬워졌어. 미국에서 의복, 의료품, 농업용품 등의 원조 물품들이 많이 들어왔거든.

▲6.25전쟁으로 폐허가 된 서울

전쟁이 지속되면서 그나마 남아 있었던 공장들과 사람들의 보금자리는 파괴되었고, 온 나라는 잿더미가 되어 버렸어. 다시 일어설 수 있는 기반을 무너뜨린 6.25전쟁으로 인해 경제는 치명적인 타격을 받았지.

삶의 터전을 송두리째 무너뜨렸던 6.25전쟁은 1953년 7월 27일 판문점에서 유엔군과 공산군 대표 사이에 전쟁을 중지하자는 정전협정을 맺음으로써 일단락됐단다.

◇ 중앙은행인 한국은행의 설립

경제 혼란을 수습하려면 물가를 안정시키는 일이 가장 시급하고, 물가 안정을 위해서는 화폐의 양을 늘리거나 줄여서 경제 활동의 수준을 조절하는 통화 정책이 제대로 이루어져야 해. 어느 나라나 경제 상황을 파악하고 이에 맞는 통화 정책을 세우는 일은 중앙은행이 담당하지. 1950년 6월 이런 역할을 할 중앙은행인 한국은행이 설립되었단다.

한국은행은 1912년에 건축되었던 옛 조선은행 본점 건물에서 일을 시작했어. 이 건물은 6.25전쟁 중에 파손되어 복구된 후 국가 중요 문화재로 지정되었고, 현재는 화폐금융박물관으로 사용되고 있단다.

이곳에 가면 한국은행이 하는 일과 중앙은행 제도, 돈과 나라 경제, 화폐 제작 과정 등을 살펴볼 수 있고, 직접 모형 돈을 만드는 체험도 할 수 있어. 박물관에 직접 찾아가서 알아보면 우리나라의 중앙은행인 한국은행의 역할을 더 잘 이해할 수 있을 거야.

한국은행의 역할 중 가장 중요한 일은 화폐의 양과 흐름을 조절하여 물가를 안정시키는 것이야. 한국은행에서는 나라 안에서 실제로 쓰이는 돈의 양, 즉 통화량이 많아서 물가가 오를 위험이 있으면 이를 막는 정책을 실시하여 돈을 걷어 들이고, 반대로 시중에 쓸 돈이 부족하여 기업이나 개인들이 어려움을 겪으면 통화량을 늘려주는 정책을 펴게 되지.

한국은행도 다른 은행과 마찬가지로 예금을 받고 돈을 빌려주는 일을 해. 그러나 기업이나 개인을 상대로 이런 일을 하는 것이 아니라 금융기관을 상대로 한단다. 또, 정부가 외환 정책을 비롯한 각종 경제 정책을 정하는 데 도움이 되는 연구도 하고, 경제에 관한 조사 연구와 통계 업무도 맡고 있어.

한국은행에서 최초로 발행한 화폐는 1950년 7월에 발행된 천 원(圓)권과 백 원(圓)권 두 종류야. 천 원권에는 이승만 대통령의 초상이, 백 원권

▲한국은행 옛 건물, 현재는 화폐금융박물관

에는 광화문의 도안이 새겨져 있어.

　그런데 물가가 너무 오르고 화폐 가치가 떨어지면 여러 불편이 따르게 돼. 예를 들어 사과 한 개가 만 원이고 자장면 한 그릇이 십만 원이라면 경제 활동을 하는 데 필요한 돈의 단위가 너무 커지지?

　이런 경우 아예 돈의 단위까지 바꾸어 새로운 돈을 발행하는 경우가 있어. 이를 화폐개혁이라고 하는데, 1953년 2월 우리나라에서도 화폐 단위가 '원(圓)'에서 '환(圜)'으로 바뀌고 100원이 1환으로 교환되는 화폐개혁이 이루어졌단다. 이렇게 하여 사과 한 개는 백 환이 되고, 자장면 한 그릇은 천 환이 되도록 만든 거지.

　잠깐, 재미있는 이야기를 하나 들려줄까?

　우리나라 지폐의 초상화는 모두 오른쪽에 그려져 있어. 이는 초대 대통령인 이승만 대통령 때문에 생긴 일이야.

15

한국은행이 1956년에 발행한 5백 환 지폐에는 이승만 대통령의 초상화가 중앙에 새겨져 있었단다. 그래서 돈을 반으로 접다 보면 자연히 초상화도 접히게 되었지.

이를 본 이승만 대통령은 어떻게 내 얼굴을 마음대로 접을 수 있느냐고 버럭 화를 냈어. 그 뒤 우리나라에서는 지폐에 들어가는 초상화를 모두 오른쪽에 그리게 된 거란다.

▲이승만 대통령 초상화가 중앙에 새겨진 5백 환 지폐

◇ 원조 물품을 가공하는 삼백 산업 발달

휴전이 이루어진 후에도 한국 경제는 미국의 원조에 의존할 수밖에 없었어. 미국에서는 전쟁으로 파괴된 건물이나 생산 시설을 복구하기 위한 자재나 생활필수품, 밀가루, 면화, 설탕 원료 등을 원조해 주었단다. 이런 물품은 복구 사업에 필요한 돈을 마련하고 식량 부족을 해결하는 데 많은 도움을 주었지.

어른들이 반가운 사람을 만나면 서로 손을 마주 잡고 악수하는 걸 봤지? 이런 인사 방법은 미국에서 보내온 각종 원조 물품의 포장에 그려진 그림 때문에 생겨난 거야. 밀가루, 옥수수가루, 분유 등 미국의 모든 원조 물품의 포장에는 악수하는 그림이 그려져 있었거든.

굶주림에 시달렸던 사람들에게 미국의 원조 물품은 너무 절실하게 필요했던 것들이었어. 그래서 미국에 대해 고마움을 느꼈던 사람들은 태극기와 미국의 성조기 위에 두 손을 굳게 맞잡고 악수하는 그림을 따라 손을 마주 잡고 인사를 나누기 시작했단다.

전쟁 이후 우리나라에서 가장 비약적으로 성장한 산업은 미국의 원조 물품을 가공하는 산업이었어. 밀가루, 원면(면방직 원료), 원당(설탕 원료) 등을 가공한 제분, 면방직, 제당공업 제품이 모두 흰색이라 삼백 산업이라고 불렀단다.

삼백 산업은 원료의 90% 이상을 원조 물품이나 수입품에 의존한다는 문제점이 있었지만 전쟁 이후의 경제 복구에는 커다란 도움이 되었어.

그러나 미국의 농산물 원조는 농업 발전에는 매우 나쁜 영향을 주었단다. 미국에서 들어오는 값싼 농산물로 인해 곡물 가격이 내려가게 되자 농사를 지어도 수지 타산이 맞지 않게 된 농민들은 농사지을 의욕을 잃어버리게 되었거든. 그래서 한국 농업은 뒷걸음질을 치게 되었고, 필요한 식량을 국내에서 생산하지 않고 먹을거리를 수입에 의존하는 나라가 되어 버렸지.

▲부산에서 이루어진 미국 원조 물품 인수식

최근에는 먹을거리의 절반 이상을 외국에서 수입하고 있어. 만약 한국에 농산물을 수출하던 나라들이 예상치 못한 문제로 갑자기 수입을 중단한다면 어떤 일이 벌어질까? 농산물 가격은 엄청나게 폭등할 것이고 돈이 있어도 살 수 없는 먹을거리가 생기게 될 거야.

◈ 경제 부흥의 첫걸음, 산업 살리기

6.25전쟁이 중단된 후 지속되는 정치적 혼란과 물가 상승, 끼니조차 제대로 해결하지 못하는 빈곤에서 벗어나기 위한 가장 시급한 과제는 산업을 일으키는 일이었어.

한국 산업의 부흥을 이끌어 나가야 하는 상공부에서는 이런 과제를 해결하기 위해 필요한 자금과 에너지 자원, 그리고 농산물 수확량을 늘리는 데 도움을 주는 비료를 마련하는 것이 급선무라고 보았어.

산업 발전에 필요한 자금을 공급하고 경제 부흥을 돕기 위해 1954년 4월 한국산업은행이 만들어졌지. 산업은행은 중요 산업의 시설을 세우거나 공장을 운영하는 데 필요한 자금을 1년 이상인 장기로 빌려주는 일을 담당했어.

에너지 자원을 얻기 위해서 석탄 생산량을 늘리는 일을 가장 먼저 추진했단다. 당시 대부분 가정에서는 산에서 베어 온 나무를 땔감으로 사용하였는데 이를 마련하기 위해 나무가 제대로 자라기도 전에 베어버려서 산과 들은 모두 벌거숭이가 되었어.

그래서 우선 6.25전쟁으로 중단되었던 석탄 산업철도 건설에 박차를 가하여 1955년과 1956년에 영암선, 함백선, 문경선, 영월선을 개통시켰어. 석탄 산업철도의 개통으로 석탄 산업이 급속히 발전하여 1956년 100만 톤이었던 석탄 생산량이 1959년에는 200만 톤, 1962년에는 300만 톤을 넘어섰단다. 덕분에 나무 대신 석탄이 주요 에너지원으로 바뀌게 되었지.

다음으로는 미국의 원조 자금으로 서울의 당인리, 마산, 삼척 등 3개 화력발전소를 건설하는 일이 추진되었어. 1956년 이들 발전소의 완성으로 산업 발전에 필요한 기본 에너지 확보가 가능하게 되었단다.

또한 원조와 수입에 의존했던 물품을 국내에서 생산하여 수입을 줄이는 수입 대체 효과를 얻기 위해 비료, 판유리, 시멘트 등 주요 기간산업 공장

▲마산화력발전소   ▲삼척화력발전소

의 건설도 추진되었어. 이런 과정에서 축적된 기술과 경험은 1962년부터
실시되었던 경제개발계획의 성공을 이끌어내는 토대가 되었단다.

◇ 1950년대 수출 품목 1위는 텅스텐

한 나라의 주요 수출 품목을 알면 그 나라의 산업화와 경제 수준을 짐
작할 수 있단다. 가난한 나라들은 돈이 없으니까 공장을 세우기도 힘들고,
좋은 상품을 만들 수 있는 기술력도 갖추지 못했지. 그래서 대부분 천연자
원이나 농수산물의 수출 비중이 높아.

경제가 발전하면서 기술 수준이 높아져 공산품의 생산이 가능해지면 이

들 제품의 수출이 시작되지. 공업 기술 발전의 초기에는 경공업 제품을 주로 수출하다가 기술 수준이 높아질수록 부가가치가 높은 중화학공업이나 첨단 제품의 수출 비중이 높아져. 한국의 수출도 이와 같은 과정을 거치면서 변화했단다.

1946년 1월 무역면허제가 실시되어 민간 기업들의 무역이 가능해졌지만 정부는 수출입 품목을 엄격하게 통제하였지. 수출품은 주로 식량·지하자원·동식물성 원료·한약재였으며, 수입품은 소비재 중심의 공산품이 대부분이었어.

원료와 기술 부족으로 공장에서 물건이 제대로 생산되지 않아 생활필수품의 공급이 원활하게 이루어지지 않았는데, 생활필수품 수입에 대한 통제는 심하다 보니 생활필수품의 밀수입이 활개를 쳤단다.

1950년대 평균 연간 수출은 약 3천만 달러, 수입은 약 3억 달러로 수입이 수출의 10배에 이르는 심한 무역수지 적자를 보였어.

해방 이후부터 1950년대 한국의 주요 수출 품목은 누에고치에서 뽑아낸 실인 생사, 흑연, 텅스텐, 철광석, 김 등의 농수산물과 광산물이 주를 이루었지.

수출 품목 1위였던 텅스텐은 1950년대 총 수출의 절반을 차지할 정도로 수출 비중이 높았단다. 가장 강도가 높은 금속 재료인 텅스텐은 금속을 자르거나 깎는 데 쓰는 공구, 전구의 필라멘트, 자동차 부품, 무기류 등을 만드는 데 들어가는 원료야.

공장들이 돌아가기 시작하면서 기술력보다는 풍부한 노동력이 필요한

재건

경공업 제품의 생산이 이루어지게 되자 1958년부터 면직물도 수출하게 되었어.

1950년대 수입의 75% 이상은 후진국에 주어지는 원조 물품이었지. 전쟁 중에는 의복, 의료품, 농업용품 등이 많이 들어왔고, 파괴된 시설을 복구하기 위한 건축자재들도 수입되었어.

전쟁 후에는 전쟁 피해 복구와 생산 시설 회복에 필요한 원조 물품과 함께 생활필수품, 밀, 원면과 원당 등의 물품이 들어왔단다. 산업 발전을 위해 꼭 필요한 각종 기계류의 수입 비중은 총 수입의 10%도 되지 않았어. 수출입 품목을 통해서도 하루하루 먹고사는 일에 급급했던 시기였다는 걸 짐작할 수 있지.

이야기 1
갑자기 멈추어 버린 전차

1948년 5월 14일 어둠이 깔리기 시작한 시간, 김순이 할머니는 아현동 고개에 주저앉고 말았어. 너무 다리가 아파 더 이상 걸을 수 없었거든.

할머니는 그날 아침 일찍 동대문 근처에 사는 큰딸 집에 가려고 집을 나섰어. 먹을거리가 부족했던 시절이라 딸의 집 식량을 한 끼라도 축내기 싫어서 할머니는 점심을 먹기 전에 돌아오려고 했지.

하지만 오랜만에 만난 어머니를 그냥 보내기 싫었던 딸은 한사코 점심을 먹고 가라고 붙들었어. 그래서 할머니는 정성껏 차려 준 국수 한 그릇을 맛있게 먹고 딸의 집을 나와 동대문 전차 정류장으로 갔단다.

그런데 이게 무슨 날벼락인지, 정오부터 전차가 다니지 않는다는 거야. 당시 전력 생산 시설의 86%는 북한에 있었으므로 남한의 전력 생산 능력은 형편없었단다. 그래서 남한

은 북한에서 공급해 주는 전기에 의존하여 생활하고 있었어. 그런데 남한의 정치를 담당했던 미군 정부는 돈이 없어서 북한에 전기 요금을 보내 주지 못했단다. 북한은 전기 요금을 내지 않으면 남한에 더 이상 전기를 보내 주지 않겠다고 하면서 14일 정오까지 전기 문제를 교섭할 대표를 보내라고 통보했어.

미군 정부는 설마 전기를 끊어 버리지는 않을 거라고 보고 대표를 보내는 대신 타협안을 내놓았는데, 북한이 전기를 끊어 버린 거야. 남한의 모든 전력 공급이 일시에 중지되자 달리던 전차와 공장의 기계는 갑자기 멈추어 버렸지.

북한의 전력 공급 중단 이후 공산품 생산량이 종전의 5%로 떨어졌다고 하니 지금으로서는 믿기지 않는 일이지?

아현동 고개까지 왔으니 조금만 더 걸으면 집에 도착할 수 있었지만 할머니는 힘이 빠져서 한 발자국도 옮겨 놓을 수가 없었단다.

"나라만 되찾으면 살기 좋은 세상이 오는 줄 알았는데……."

동대문에서 아현동까지 걸어오느라고 지친 할머니의 입에서는 한숨이 저절로 나왔어.

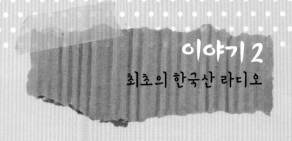
1954년 우리나라에서 최초로 치약을 생산하는 데 성공했던 락희산업(현 LX인터내셔널)의 창업주 구인회 회장은 그 다음에는 라디오를 만드는 데 도전하고 싶다는 꿈을 꾸게 되었어.

6.25전쟁 중 세상 소식이 궁금했던 사람들이 가장 가지고 싶어 했던 물건은 당대 최고의 진공관 라디오였던 미국산 제니스 라디오였단다. 암거래를 통해서만 구할 수 있었던 제니스 라디오는 쌀 50여 가마니 가격에 달하는 돈을 주어야 살 수 있었는데, 구인회 회장

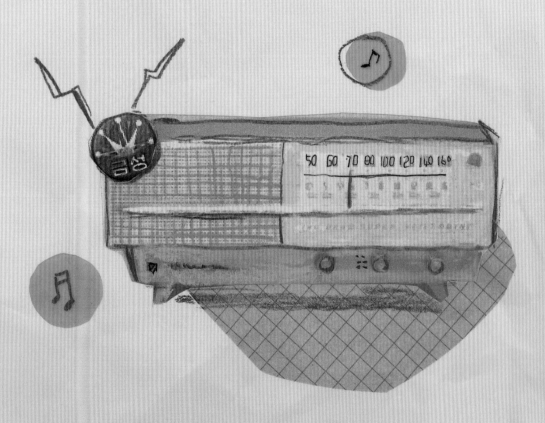

은 우리나라에서도 이런 라디오를 생산하려는 꿈을 꾼 거야.

그래서 1958년 1월 전기전자제품 생산 기업인 금성사를 창립했단다. 우리나라 사람 중에서는 라디오 생산 경험을 가진 기술자를 찾을 수 없어서 라디오 설계를 맡을 기술 감독을 독일 사람으로 채용하고 그를 도울 우리나라 기술자를 뽑아 설계 팀을 만들었지.

우선 모델을 정해야 되는데 독일인 기술 감독과 우리나라 기술자들은 모델을 정하는 일에서부터 서로 다른 의견을 가지고 있었어. 기술 감독은 독일제 라디오를, 우리나라 기술진들은 일제 라디오 '산요'를 모델로 하자고 주장했단다.

우리나라 기술진들이 자기 말을 듣지 않자 기술 감독은 회사를 그만두어 버렸지. 금성사 경영진들은 선진국에서 기술 감독을 다시 찾느라 시간을 허비하는 대신 경험은 없지만 의욕이 넘쳤던 김해수 주임에게 라디오 설계를 맡기기로 결정했단다.

회사 창립 후 불과 2년도 되지 않았던 1959년 11월 15일, 드디어 최초의 한국산 라디오가 시장에 선을 보였어. 모델명은 A-501이었는데 전기용 진공관 5구 라디오 제1호라는 뜻을 담은 이름이었지.

정격전압은 100볼트였지만 당시 전력 사정이 나빠서 50볼트 이하로 떨어지는 일이 잦았기 때문에 50볼트에서도 들을 수 있도록 만들어졌단다. 그리고 1962년에는 미국과 홍콩으로 라디오 수출도 하게 되었어.

1961년 금성사는 최초의 한국산 선풍기와 전화기도 생산하였단다. 공업화 초기에 기업을 만들었던 경영자들과 기술 개발에 나섰던 기술자들은 모두 한국 공업화의 선구자들이었어. 스스로 연구하여 새로운 상품을 개발하는 데 성공하고, 이를 수출까지 하게 되자 사람들은 '하면 된다.'는 자신감을 가지게 되었지.

2장

경제개발계획으로
다져진 성장의 기반

지원이 할아버지의 방에는 네 발 달린 19인치 흑백 TV가 놓여 있어. TV로 방송을 보는 것도 아니고, 자리만 차지하고 있어서 버리자고 했다가 호되게 야단을 들었단다. 증조할아버지께서 아꼈던 물건이라는 걸 강조하시면서 똑같은 말씀을 되풀이하시는 거야.

"네게 물려줄 유산 1호니까 잘 보관해. 쌀 한 가마니가 백 원이었던 때, 2천5백 원이나 주고 산 물건이야. 비싸기도 했지만 돈이 있어도 운이 없으면 살 수 없었어. 1966년 우리나라에서 처음 생산한 TV를 20대 1의 경쟁률을 뚫고 차지한 거란다. 이 TV 때문에 우리 집은 늘 사람들로 북적였어. 방송을 보려고 동네 사람들이 온갖 구실을 붙여서 우리 집에 왔거든."

아프리카나 동남아시아의 가난한 지역에서 동네 사람들이 TV가 있는 집으로 몰려가 함께 방송을 보듯이, 예전에는 우리나라에서도 TV를 보기 위해 이웃집으로 놀러가는 경우가 허다했단다. 골동품 흑백 TV를 자랑스러워하는 지원이 할아버지의 마음을 이해하겠지?

  제2차 세계대전이 끝나고 1940년대 후반부터 1960년대까지 아시아와 아프리카에서는 많은 독립 국가가 탄생했어. 이들 국가들은 스스로 경제 발전을 꾀할 능력이 없어 과거 자신들을 지배했던 나라에 의존하거나 정부가 강력하게 경제를 통제하며 경제개발을 시도했단다. 이러한 시도는 별효과를 거두지 못하고 거의 실패로 끝났지.

  그러나 자랑스럽게도 한국에서만은 예외여서 정치적 혼란에도 불구하고 경제가 엄청나게 성장했어. 이는 1960년대부터 진행되었던 경제개발 5개년 계획이 성공적으로 진행되었기 때문이야.

  그럼 경제개발 5개년 계획이 실행되기 이전의 정치 상황을 알아보기로 할까? 이승만 대통령이 이끌었던 자유당 정권은 1960년 4.19혁명으로 막을 내리고, 민주당이 정권을 잡았지만 정치 안정은 이루어지지 않았어. 그러자 사회 혼란을 수습하고 나라의 안정을 꾀한다며 1961년 5월 16일 박정희 장군을 중심으로 한 군인들이 군사혁명을 일으켰지.

  군사혁명을 통하여 '국가재건최고회의' 의장이 되었던 박정희 장군은 처음에는 혼란이 수습되면 정치는 군인이 아닌 일반 정치인에게 맡길 거라고 했어.

  그러나 어느 정도 혼란이 진정되어 군사 정부를 민간 정부로 바꿀 시기가 되자 자신이 군인 신분을 벗고 민간인이 되어 대통령 후보로 출마했어. 약속을 어기고 스스로 대통령이 된 이유를 정당화하려면 박정희 대통령은 국민들이 가장 절실하게 여기는 일을 해결해야만 했단다.

군사혁명이 일어났던 1961년, 한국의 1인당 국민소득은 82달러였어. 토고, 우간다, 방글라데시, 파키스탄 등과 함께 세계에서 가장 못사는 나라에 속했지. 끼니를 거르는 어린이들이 많아 당시 학교에서는 원조 물품으로 만든 옥수수빵을 나누어 주었단다.

식량이 가장 부족했던 음력 4, 5월 보릿고개가 되면 빵을 먹지 않고 집으로 가져가는 어린이들이 있었어. 집에서 굶고 있을 동생과 나누어 먹기 위해서였지.

먹고사는 일이 급해서 학교에서 공부하는 일보다 농사일을 돕는 게 우

선일 때도 있었단다. 사람의 노동력에만 의존하여 농사짓던 시절이라 모내기나 추수를 하는 바쁜 농사철에는 어린이들도 일을 도와야만 했거든. 조금이라도 수확량을 늘려야 굶는 일을 줄일 수 있었기 때문이야. 그래서 농촌 지역 학교에서는 아예 1년에 두 번씩 농번기 방학을 실시했단다.

이렇게 사는 것이 힘겨웠던 시절이라 새 정부는 경제개발을 최우선 과제로 내세웠어. 가난을 벗어나 잘사는 나라가 되는 길이 국민의 마음을 얻을 수 있는 제일 좋은 방법이었기 때문이지.

◇ 제1·2차 경제개발 5개년 계획(1962~1971년)

한국의 공업화는 1962년 1월 제1차 경제개발 5개년 계획 발표에 의해 시작되었다고 본단다. 당시 경제의 특징은 자본과 자원이 부족한 반면 값싼 노동력은 풍부하다는 점이었어.

그래서 외국에서 돈을 빌려와 공장을 세우고 많은 노동력을 필요로 하는 노동 집약적 산업을 키워서 수입을 줄이고 수출을 늘리기로 했지. 정부는 10년 동안 경제 규모를 2배로 키우기 위하여 매년 7.1%씩 경제를 성장시킨다는 목표도 세웠단다.

앞으로 경제 성장이라는 말을 자주 하게 될 텐데 무엇을 뜻하는 말인지 먼저 알려줄게. 경제 성장이란 한 나라의 경제 규모를 나타내는 국내총생산(GDP: Gross Domestic Product)이 지속적으로 커지는 것이야.

국내총생산을 경제 용어로 설명하면 일정한 기간 동안에 한 나라 안에서 새로이 생산된 재화와 서비스의 가치, 즉 부가가치를 모두 합한 거란다. 말이 좀 어려운데, 낱말 뜻을 생각하면 더 쉽게 이해할 수 있어.

'국내(國內)'는 '나라 안'이고 '총(總)'은 '모든 것의 합'을 말하고 '생산(生産)'은 '만들다'라는 뜻이니까 생산 활동을 통해서 나라 안에서 만들어 낸 모든 상품이나 서비스의 가치를 합친 것이 국내총생산이란다.

국내총생산의 규모가 크다는 것은 생산량이 많다는 것이니까 생산을 위한 일자리도 많고, 일을 해서 벌어들이는 소득도 크겠지?

그러니까 국내총생산이 증가하고 경제 성장이 이루어지면 나라가 경제적으로 더 부유해졌다고 할 수 있지. 그래서 국민들을 잘살게 하려면 국가가 경제 성장 전략을 잘 세워야 한단다.

그런데 여러 과목 시험 공부를 하는 데 시간이 부족하면 어떻게 공부하는 것이 가장 점수를 올릴 가능성이 높은 걸까? 적은 시간을 들여서 높은 점수를 얻을 수 있는 과목부터 공부해야 할 거야.

경제 성장을 위한 전략도 마찬가지란다. 투자할 자본과 자원이 부족하여 모든 산업을 발전시킬 수 없다면 이를 효율적으로 사용하는 것이 아주 중요하지. 그래서 정부는 개인이나 기업의 자유로운 경제 활동을 지원하는 것이 아니라 정부가 직접 관여하여 경제 활동을 이끌어 나가는 방식을 택했단다.

그래서 경제 성장률과 산업별 생산 수준이나 투자 규모를 정하고, 자금 조달을 위해 저축을 장려하고 외국에서 돈을 빌려오는 일 등 세세한 부분까지도 모두 정부가 통제했어.

제1차 경제개발 5개년 계획(1962~1966년) 기간 중 가장 시급한 일은 우리 경제의 지속적 성장을 위한 기반 마련이었어. 그래서 '증산 – 수출 – 건설'을 외치며 농업 중심 경제에서 공업 중심 경제로 탈바꿈하기 위해 철강, 전력, 석탄 등 다른 산업을 발전시키는 데 기초가 되는 산업과 생산 활동에 도움을 주는 항만, 철도, 통신, 수도 등의 시설을 늘려서 경제개발의 토대를 세웠단다.

농업 생산력을 높여서 농민들의 소득을 늘리고, 수출을 늘리고, 기술 수준을 높이는 일 등도 추진되었지. 덕분에 이 기간 중 경제 성장률은 목표치를 넘어서는 7.8%를 달성했단다.

제1차 경제개발 5개년 계획의 목표가 공업화를 통해서 경제 자립의 기반을 다지는 것이었다면 제2차 경제개발 5개년 계획은 좀 더 높은 수준의 공업화를 통하여 수출을 늘리는 것이었어.

제2차 경제개발 5개년 계획(1967~1971년) 기간에는 화학, 철강, 기계 공업을 발전시키고 기술 수준과 생산성을 높이는 데 힘을 기울였지.

그 결과 수출이 엄청나게 늘었고 공업화의 기반이 닦였어. 1962년부터 10년간 한국의 경제 성장률은 연평균 8.8%에 이르러 제2차 세계대전 이후 세계에서 가장 빠른 경제 성장을 이룬 나라가 되었단다.

그러나 급속한 성장의 문제점도 나타났어. 1960년대 후반부터 물가가 심각하게 올랐는데, 1967년에 10%였던 물가 상승률은 1970년에는 16%까지 높아졌단다. 외국에서 빌려온 돈도 급격하게 늘어나 나중에 빚을 제대로 갚을 수 있을지에 대한 우려도 생겼지.

◇ 독일 탄광과 병원에서 흘린 땀과 눈물

1964년 12월 10일, 한국인 광부 300여 명이 독일 루르 지방의 함보른 탄광회사 강당에 모여 있었어. 이곳을 방문했던 박정희 대통령을 만나기 위해서였지.

자신의 얼굴을 보자마자 눈물을 흘리는 이들을 향해 대통령은 연설을 시작했어.

"조국의 명예를 걸고 열심히 일합시다. 비록 우리 생전에는 이룩하지 못하더라도 후손을 위해 남들과 같은 번영의 터전만이라도 닦아 놓읍시다. 나도 열심히 하겠……."

말도 통하지 않고 문화도 달랐던 나라에서 일하며 느꼈던 서러움이 한 꺼번에 터지며 강당 안을 메운 울음소리는 점점 커졌단다. 결국 대통령도 연설을 중단하고 울어 버렸지.

대통령이 서독 방문 중 광부들이 일하는 곳을 찾아간 데에는 사연이 있어. 경제개발을 최대 목표로 세우고 나서 정부는 이를 추진할 돈을 마련하기 위해 미국에 원조를 요청했단다.

그러나 군사혁명을 일으켰던 사람이 대통령이 된 것을 못마땅하게 여겼던 미국은 이를 거절했지. 이런 상황에서 눈을 돌린 곳이 우리처럼 한 나라가 서독과 동독으로 나누어진 독일이었어.

서독 정부와의 원조 상담이 어렵게 성사되어 서독은 1억 5천만 마르크(약 3천만 달러)를 빌려주기로 했단다. 그런데 문제가 생겼어. 돈을 갚을 능력이 없는 사람에게는 돈을 잘 빌려주지 않으려고 하듯이 국가 간에도 마찬가지야. 돈은 빌려주겠지만 빚을 갚지 못할 경우를 대비하여 지급보증이 필요하다는 거야.

지급보증이란 돈을 갚지 못하면 보증을 선 쪽에서 대신 갚아 준다고 약속하는 거야. 아무도 한국을 위해 지급보증을 해주지 않았는데, 이 문제를 해결한 것은 놀랍게도 한국인 광부 5천 명과 간호사 2천 명을 파견한다는 서류였단다.

이 서류에는 이들이 일한 대가로 받을 급여의 일부를 독일의 한 은행에 3년간 예치한다는 문구가 들어 있었어. 서독은 만약 한국 정부가 빚을 갚

▲서독으로 출발하는 한국 간호원　　　　▲결단식에 참석한 서독 파견 광부

지 못하면 한국 광부와 간호사들은 예치한 돈을 찾을 수 없다는 것을 조건
으로 돈을 빌려주었단다.

　1962년 간호 학생 20여 명의 파견을 시작으로 1976년까지 1만 명이 넘
는 간호사들이 서독으로 떠났고, 1963년 12월 말 378명을 시작으로 1978
년까지 7천8백 명에 이르는 광부들이 서독으로 떠났어.

　광부들은 지하 1천 미터 탄광에서 30도가 넘는 더위와 싸우며 일을 했
고, 간호사들은 말이 서툴러 병원의 청소나 빨래 같은 허드렛일을 도맡아
하는 고생을 했지. 그래도 한 달 일하면 당시 한국 장관들이 받는 월급만
큼 돈을 받을 수 있었으므로 이들은 몸이 부서져라 일을 했단다. 자신들만
고생하면 고국에 있는 동생들은 공부를 할 수 있고, 부모님은 끼니를 걱정
하지 않아도 되었거든.

1968년 한국의 1인당 국민소득은 169달러, 국민총생산(GNP)은 52억 달러였어. 그런데 독일 광부와 간호사들이 같은 해 국내로 보낸 돈이 약 5천만 달러였으니 한국 경제 부흥에 필요한 자금 마련에 얼마나 보탬이 되었는지 짐작할 수 있겠지? 덕분에 한국에서는 더 많은 공장을 세우고, 도로와 다리를 만들 수 있었단다.

현재 경상남도 남해군 산동면에는 남해마을이라는 예쁜 마을이 있어. 남해가 보이는 곳에 2001년부터 붉은 지붕과 하얀 벽이 인상적인 그림 같은 집들이 들어섰지. 이 마을에는 독일에서 광부와 간호사로 일했던 사람들이 이제는 할아버지 할머니가 되어 함께 모여살고 있단다.

혹시라도 이곳에 갈 기회가 생기면 할아버지 할머니의 손을 꼭 잡고 어려운 시기에 외국에서 일하며 돈을 벌어서 나라에 도움을 주어 고맙다는 인사를 꼭 드리고 오렴.

◈ 베트남 전쟁터에서의 외화벌이와 건설 경험

"맹호부대 노래 한번 부르고 베트남의 국군 장병 아저씨들에게 편지를 쓰자. 너희들이 보낸 편지를 읽는 게 아저씨들의 큰 즐거움이라니까 정성 들여서 써야 돼."

자유 통일 위해서 조국을 지키시다 조국의 이름으로 님들은 뽑혔으니
그 이름 맹호부대, 맹호부대 용사들아 가시는 곳 월남 땅 하늘은 멀더라도
한결같은 겨레 마음, 님의 뒤를 따르리라

　　어린이들은 우렁차게 노래를 부르고 얼굴도 본 적이 없는 국군 장병 아
저씨들에게 편지를 쓰기 시작했어.

　　한국 군인들이 왜 멀리 베트남까지 가서 목숨을 걸고 전쟁을 했을까?

　　미국은 베트남 공산화를 막는다면서 1946년부터 9년간 베트남과 전쟁
을 치렀던 프랑스를 대신하여 베트남 독립전쟁에 끼어 들었어. 그리고 유
럽과 캐나다 등 북대서양조약기구에 속했던 나라들에게 지원을 요청했지
만 다른 나라들은 베트남 민족끼리 벌이는 전쟁을 지원하는 일은 그 나라
정치에 대한 간섭이라며 전쟁 참여를 거부했지.

　　마지막으로 미국은 공산주의 북한과 대립을 벌이고 있는 한국에 도움을

요청했어. 공산당은 머리에 뿔이 달린 도깨비라고 생각할 정도로 반공 사상이 투철한 한국 사람들이라면 베트남 공산당을 물리치기 위한 전쟁을 지원할 거라고 보았거든.

한국 정부는 베트남 전쟁에 참여함으로써 두 가지 효과를 얻을 수 있다고 판단했어. 군대 파견은 한국이 미국의 동맹국임을 행동으로 보여 주는 일이라 앞으로 정치적 지지를 확실히 얻을 수 있다고 예상했지.

또, 전쟁에 필요한 물자를 팔 수 있고, 군인과 현지에서 일하게 될 사람들이 월급을 받게 되면 경제개발에 필요한 자금을 마련할 수 있다고 보았어. 그래서 미국으로부터 1억5천만 달러의 차관, 베트남 내 건설 사업 참여, 한국 상품의 미국 수출 증가를 약속받고, 베트남 전쟁에 참여하기로 결정했단다.

▲맹호부대 환송식   ▲훈련 중인 맹호부대 군인들

1964년 9월 의무 요원과 태권도 교관이 먼저 파견되었고, 1965년 2월 후방 군사 원조 지원단인 비둘기 부대가 떠났어. 뒤이어 청룡, 백마, 맹호 부대 등 전투부대들이 파병되었단다. 8년간 베트남으로 파견된 한국 군인의 수는 34만 명에 달했어. 국내 기업의 많은 한국 기술자들도 베트남에 파견되어 일을 하게 되었지.

무덥고 습한 곳에서 벌어지는 전쟁에 참여하여 목숨을 걸고 벌어들인 외화는 1960년대 후반과 1970년대 초반 우리나라 경제 성장에 커다란 몫을 담당하였어. 뿐만 아니라 전쟁이 끝난 후 베트남에서 철수한 국내 건설 기업들은 베트남에서 사업했던 경험을 바탕으로 때마침 건설 붐이 일었던 중동 지역으로 진출하는 데 성공할 수 있었지.

하지만 베트남 전쟁으로 인해 눈물을 흘려야 했던 사람도 아주 많았어. 전쟁 중 목숨을 잃은 사람은 4천6백 명을 넘었고, 부상당한 사람은 1만5천 명에 이르렀지. 미국이 전쟁 중 밀림을 파괴시키기 위해 뿌렸던 고엽제 후유증으로 지금까지 고생하는 사람들도 있단다.

◇ 한국 최초의 수출공업단지 구로공단

지하철 2호선 구로디지털단지역은 2004년 9월까지 구로공단역이라고 불렸어. 지하철역이 개통되었을 당시에 역 근처에는 구로공단이라고 했던 구로동 수출공업단지가 자리 잡고 있었거든.

우리나라에서 최초의 공업단지인 구로동 수출공업단지는 1967년 4월 1일에 준공되었어. 이곳에 들어섰던 섬유류, 플라스틱 제품, 전자기기, 광

▲하늘에서 본 구로공단 모습

학기기, 피혁, 소공구 등을 생산하는 30개의 수출 전용 공장은 6천 명이나 되는 노동자들의 일터가 되었지. 준공식에서 대통령은 2차로 25개 공장을 더 지을 것이라는 계획을 밝혀서 사람들의 가슴을 설레게 만들었단다.

구로공단에서는 초기에는 경공업 분야 중심의 생산이 이루어졌지만, 1970년대 후반부터 주요 생산 품목이 전기전자와 화학제품으로 바뀌었어. 1980년대 중반까지 구로공단에서는 전체 수출액의 10퍼센트에 달하는 생산이 이루어질 정도로 우리나라 수출에 중요한 몫을 담당했단다.

우리나라에는 구로동 제1공업단지를 시작으로 6개의 수출공업단지가 만들어졌어. 구로동 제1공업단지 근처에 세워졌던 제2단지는 1968년에 완공되었는데 이곳에는 아파트형 봉제 공장이 들어섰단다.

1970년에 세워졌던 제3단지는 공업용수 등의 문제로 구로동과 가까운 가리봉동에 자리 잡게 되었는데, 가리봉동 수출공업단지는 우리나라 수출 공업단지 중 가장 큰 규모로 세워졌단다. 제4단지는 인천광역시 북구 부평에, 제5단지와 제6단지는 인천광역시 남구 주안에 세워졌어.

수출공업단지의 공통점은 원자재와 완성된 수출 상품을 운송하기 편리하고, 노동자들이 출퇴근하기 쉽도록 모두 교통이 발달한 지역에 세워졌다는 거야.

◇ 전국을 일일생활권으로 만든 고속도로

우리나라에서 가장 긴 고속도로는 총 거리가 416km인 경부고속도로야. 경부고속도로는 1968년 2월 1일 공사를 시작하여 2년 5개월 만인 1970년 7월 7일에 완공되었단다.

고속도로 건설 계획이 발표되었을 때 이를 반대하는 사람들이 아주 많았어. 온갖 반대를 무릅쓰고 고속도로 건설을 강행했던 박정희 대통령은 경부고속도로 개통식에서 '이 도로야말로 우리 민족의 피와 땀과 의지로 이뤄낸 민족적 예술 작품'이라며 감격을 감추지 못했지.

경부고속도로는 총 거리 대비 공사 기간을 따져 보면 세계에서 가장 빠른 시간 안에 완공되었단다. 그러나 공사를 빨리 끝내려고 한겨울에도 작업을 계속했으므로 얼어 있는 땅 위에 도로 포장을 하는 등 무리수를 두어 개통 이후 계속 망가진 곳을 고쳐야 하는 부작용이 생겼어.

경제개발 과정에서 가장 많이 내려졌던 지시는 '빨리빨리'였단다. 그래서 무슨 일이든지 짧은 시간 안에 진행되었으므로 부실공사가 많아서 나중에 다시 고치고 손질해야 하는 일이 자주 생겼어. '빨리빨리'도 좋지만 '완벽하게'도 동시에 강조되었더라면 얼마나 좋았을까?

▲서울-부산 간 경부고속도로 준공식

고속도로 건설의 역사를 자세히 살펴보기로 할까?

1964년 12월 독일을 방문했던 박정희 대통령은 본-쾰른 간 고속도로를 달릴 기회가 있었는데, 고속도로의 수송 능력에 놀라움을 감추지 못하면서 경제 발전에 필수적인 운송능력을 높이기 위해 고속도로 건설을 결심했다고 해.

대통령은 스스로 고속도로 구상도를 그릴 정도도 열성을 보였지만 이를 반대하는 사람들도 엄청나게 많았단다. 고속도로 건설은 정부 수립 후 가장 돈이 많이 들어가는 공사였거든. 건설 자금도 마련되어 있지 않아서 일단 필요한 돈을 외국에서 빌려서 도로를 완성하고, 나중에 고속도로 이용자에게 통행료를 거두어들여 빌린 돈을 갚는다는 계획을 세웠지.

그래서 고속도로가 제 기능을 발휘하지 못하면 엄청난 빚만 질 거라고 걱정했던 사람들이 심한 반대를 했던 거야.

우여곡절 끝에 1968년 초에 경인고속도로와 경부고속도로 공사가 시작되었어. 한국의 첫 고속도로인 서울-인천 간 경인고속도로는 1차 구간 공사를 완료하여 1968년 12월 21일에 개통되었지. 같은 날 경부고속도로의 서울-수원 구간도 개통되었고, 12월 30일에는 수원-오산 구간도 개통되었어.

경인고속도로와 경부고속도로는 염려와는 달리 제 몫을 톡톡히 했단다. 그래서 다른 고속도로들의 건설도 속속 이어질 수 있었지.

▲박정희 대통령이 직접 그린 고속도로 스케치

1973년에는 대전-순천 간 호남고속도로와 부산-마산 간 남해고속도로가 개통되어 영남지방과 호남지방을 연결하게 되었고, 1975년에는 수원-강릉 간 영동고속도로가 완공되어 수도권과 영동지방을 연결하게 되었어.

고속도로가 만들어진 후 철도 대신 도로가 가장 많은 운송을 담당하게 되었고, 전국은 일일생활권이 되었단다.

◇ '잘살 수 있다'는 자신감을 키워 준 새마을 운동

1970년대 사람들이 가장 많이 부르고 들었던 노래는 '새마을 노래'와 '잘살아 보세'였어.

새벽종이 울렸네. 새아침이 밝았네. 너도 나도 일어나 새마을을 가꾸세.
살기 좋은 내 마을. 우리 힘으로 가꾸세.

동이 트기도 전 마을 회관의 확성기를 통해서 들려오는 '새마을 노래'는 사람들의 아침잠을 깨우기 일쑤였지.

잘살아 보세, 잘살아 보세. 우리도 한번 잘살아 보세.
금수강산 잘사는 나라. 한마음으로 가꾸어 가면
알뜰한 살림 재미도 절로. 부귀영화는 우리의 것이다.

논밭에서 일하다 새참을 먹으며 막걸리 한 잔을 마시고 기분이 좋아지면 부르는 노래는 '잘살아 보세'였단다.

초기의 경제개발계획은 도시를 중심으로 한 공업화에 초점이 맞추어졌어. 그래서 경제 성장이 이루어졌다고 해도 1970년대 전체 인구의 70%가 살았던 농촌의 살림살이는 별로 나아질 기미가 보이지 않았지. 보릿고개를 힘들게 넘길 때마다 농촌 사람들은 '우리도 한번 잘살아 보았으면'이라는 생각을 했단다.

새마을 운동은 이런 소망을 가졌던 농민들에게 '근면, 자조, 협동 정신'을 일깨우고 실천하도록 하여 농촌을 잘살게 만들기 위한 운동이었어.

1970년 4월부터 시작되었던 새마을 운동 초기에는 초가집 없애기, 블록 담장으로 바꾸기, 마을 길 넓히고 포장하기, 다리 놓기, 논밭으로 이어지는 길 넓히기, 공동 빨래터 설치, 마을 회관 건립, 상수도 설치 등 농촌 환경을 개선하는 일이 주로 이루어졌어. 나중에는 가축 기르기, 채소와 과수, 특용작물 재배 등을 장려하여 농가 소득을 높이는 방향으로 나아갔단다.

새마을 운동이 이루어지기 전 농가 소득의 증가율은 도시 가구 소득 증가율의 1/4에 불과했어. 그러나 새마을 운동 실시와 함께 곡물 가격을 높이는 정책을 실시하자 1970~1976년에 도시 가구 소득은 연평균 4.6% 증가한 반면, 농가 소득은 9.5%나 높아져 도시와 농촌 가구의 소득 차이가 좁혀졌단다.

새마을 운동이 농촌에서 성공을 거두자 1974년부터는 전국적으로 퍼져 나갔어. 도시에서는 이웃 알기를 위한 반상회가 열렸고, '내 집 앞 내가 쓸기 운동'과 거리 질서 캠페인이 벌어졌지. 사무실과 공장에서는 건전한 직장분위기 만들기 운동을 시작으로 생산성 향상과 물자 절약 등을 강조하는

▲새마을 운동 초기 직접 마을 길을 만드는 농민들

운동이 이루어졌단다. 또한 학교에서는 인사 잘하기, 부모 공경하기 등 예절 교육을 실시했어.

'새마을 노래'와 '잘살아 보세'를 들으며 사람들은 '우리도 잘살 수 있다'는 자신감을 가지게 되었단다. 이런 자신감은 생산성을 높이는 데 도움을 주었지. 새마을 운동 정신은 경제개발계획을 성공시키는 데 크게 기여했다고 할 수 있어.

제2차 세계대전 이후 독립한 국가 중에서 한국만이 유독 눈부신 경제 성장을 이루자 그 성공 배경에 관심을 갖는 나라들이 많아졌어. 그런데 '잘살 수 있다'는 자신감을 키워 준 새마을 운동이 정신적 밑받침이 되었다는 것이 알려지면서 여러 나라에서 한국의 새마을 운동을 배우려는 움직임이 일어났단다.

그 결과 러시아, 베트남, 필리핀, 중국, 몽골, 스리랑카, 캄보디아, 네팔, 콩고민주공화국 등 경제개발을 꿈꾸는 많은 나라에 새마을 운동이 소개·보급되어 한국의 위상을 높였어.

◇ 노동자의 권리를 위해 죽음을 택한 청년

세계에서 가장 빠른 속도로 경제 성장을 이루고, 가장 짧은 기간 안에 고속도로를 건설하는 등 우리의 경제 성장 과정에는 많은 자랑거리가 있어. 그러나 노동자의 권리를 위해 죽음을 택한 청년 전태일의 이야기처럼 가슴 아프고 부끄러운 일들도 일어났단다.

1970년 11월 13일 서울 청계천 평화시장 앞길에 팻말을 손에 든 사람들이 몰려들었어. 팻말에는 '일주일에 한 번만이라도 햇빛을 보게 해 달라', '우리는 기계가 아니다'와 같은 말들이 쓰여 있었지.

경찰은 이들의 시위를 강제로 해산시켰어. 이때 한 청년이 휘발유를 자기 몸에 뿌리고 불을 붙였어. 그는 온몸이 불꽃에 휩싸인 채 "근로기준법을 준수하라!"고 외쳤는데, 급히 병원으로 옮겼지만 결국 숨을 거두고 말았단다. 청년의 이름은 전태일, 당시 나이는 22세로 막 피어나는 꽃봉오리 같은 나이였지.

전태일은 17세였던 1964년 평화시장의 학생복 맞춤집에서 보조 미싱사로 일을 하기 시작했어. 그는 돈을 벌어 어머니에게 보탬이 되고 언젠가는 포기했던 공부를 다시 시작하려는 꿈을 꾸며 열심히 일했단다. 그런데 시간이 지나면서 자신들이 일하는 근로 환경에 대해 관심을 갖게 되었어.

    봉제 공장에서 일하는 2만 명이 넘는 노동자들의 평균 나이는 18세였어. 어린 소녀들이 환기도 되지 않고 어두침침한 다락방에서 점심도 굶은 채 하루 14시간씩 일해야만 했지. 그렇게 온종일 일하고 받는 하루 임금은 당시 차 한 잔 값에 해당하는 50원이었단다.

    그는 노동자들이 형편없는 환경에서 일하며 착취당하고 있다는 것을 깨닫게 되면서 억울함에 가슴이 답답해졌어. 이런 환경을 개선시키는 일은 혼자 힘으로는 어렵다는 생각이 들어서 '바보회'라는 모임을 만들었고, 이 모임을 통해 평화시장 노동자의 노동 실태에 대한 조사를 했지. 그리고 1970년 10월 조사 결과를 노동청에 제출했단다.

이 자료에 따르면 노동자들이 일하지 않는 날은 한 달에 이틀뿐이며, 하루에 13~15시간씩 일을 했어. 그들은 하루 노동 시간을 10~12시간으로 줄이고, 일주일에 하루는 쉴 수 있게 해주고, 제대로 이루어지지 않았던 건강 검진을 반드시 실시하고 임금도 인상해 줄 것 등을 요구하였지.

노동청에 도움을 요청하였지만 일하는 환경이 달라질 기미가 보이지 않자 전태일은 동료들과 함께 있으나마나 한 근로기준법 책을 불태워 버리는 시위를 벌이기로 했단다. 그런데 시위가 강제로 해산되자 자신을 희생하여 노동자들의 처지를 세상에 알리려고 자기 몸에 불을 붙였던 거야.

이 사건을 계기로 노동 운동에 대한 관심이 생기기 시작했고, 노동자들의 인간다운 삶을 위한 투쟁의 역사가 시작되었단다. 그 결과 1970년대에 약 2천5백 개가 넘는 노동조합이 만들어졌어.

◈ 제3·4차 경제개발 5개년 계획(1972~1981년)

제1·2차 경제개발 5개년 계획의 성공으로 수출이 엄청나게 늘어났고 경제 자립의 기반은 닦였지만 물가 상승률이 연 10%를 넘어섰고, 외국에서 빌려오는 빚이 엄청나게 늘어나는 문제점이 생겼다는 걸 기억하지?

이런 문제점을 고려하여 제3차 경제개발 5개년 계획(1972~1976년) 기간에는 '성장, 안정, 균형의 조화'를 기본 정신으로 내세웠단다. 산업 구조를 중화학공업 위주로 바꾸고, 수출을 늘려서 무역수지 적자를 줄이고, 농어촌 경제를 발전시킨다는 목표를 정하고 사회 경제적 안정과 균형을 이룩하기 위해 노력했지.

정부는 제4차 경제개발 5개년 계획이 끝나는 1981년까지 '100억 달러 수출과 1인당 국민소득 1천 달러 달성'이라는 목표를 세운 후 중화학공업 건설에 박차를 가하기 시작했어.

그러나 1973년 세계 경제에 먹구름을 몰고 왔던 제1차 석유 파동이라는 뜻밖의 암초를 만나게 되었단다. 당시 제조업 전체 생산 비용 중 에너지 비용이 차지하는 비율은 36%였어. 그런데 제1차 석유 파동으로 배럴당 2.50달러 정도였던 석유 가격이 단숨에 10달러까지 올라가 모든 제조업은 심각한 타격을 받았지.

우리 속담에 "궁하면 통한다."라는 말이 있어. 매우 절박한 처지에 이르게 되면 오히려 탈출할 길이 생긴다는 뜻이야. 실제로 엄청난 물가 상승으로 모든 국민이 고통을 받게 되었지만 뜻밖에도 경제 위기 극복의 길이 열렸단다. 세계를 궁지에 몰아넣었던 중동의 산유국에서 찾게 되었지.

석유 파동으로 세계 경제는 불황에 빠졌지만 석유 수출 국가들의 사정은 반대로 좋아져서 중동 지역에서는 석유 수출로 벌어들인 오일 달러가 넘쳐나 건설 공사가 활발하게 이루어졌거든.

베트남에서 건설했던 경험을 바탕으로 한국의 건설 기업들은 다른 나라 사람들이 일하기 꺼려 하는 척박한 환경의 중동 지역으로 진출하여 건설 현장에서 열심히 일하며 외화를 벌여들였단다. 그 덕분에 우리나라 경제는 다시 살아날 수 있었어.

그래서 제3차 경제개발 5개년 계획 기간에도 평균 10.1%의 경제 성장을 이룰 수 있었어. 석유 파동으로 생산 규모가 오히려 줄어들어 마이너스 성장을 기록한 나라들이 대부분이었던 시절이었으니 온 세계가 놀랐지. 그래서 외국 언론은 한국의 경이로운 경제 성장을 '한강의 기적'이라고 칭송했단다.

'성장, 능률, 형평'을 내세운 제4차 경제개발 5개년 계획(1977~1981년)의 목표는 제3차 경제개발 계획 기간과 마찬가지로 중화학공업을 키워서 스스로 일어설 수 있는 기반을 확고히 하는 것이었어. 여기에 사회 개발을 중요시하여 주택, 보건, 교육에 대한 투자를 늘리고 의료보험제도를 실시하기로 했지.

그런데 1979년 박정희 대통령 암살로 인한 엄청난 정치적 혼란과 제2차 석유 파동으로 1980년에는 경제 성장이 처음으로 뒷걸음쳐서, 마이너스 6.2%를 기록하였단다. 다행히 1981년부터 다시 회복세로 돌아서서 제4차 경제개발 기간의 경제 성장률은 5.7%를 기록했어. 그래도 세계적 불경기였다는 점을 감안하면 만족할 만한 성장이었지.

◇ 중화학공업을 키워 공업 선진국이 되자

1972년 5월 30일 중앙청 홀에서 수출진흥확대회의가 열렸어. 회의가 끝나고 새로운 수출 상품 전시회 구경에 나섰던 박정희 대통령은 정밀한 자동차 부품에 관심을 보였지.

그날 오후 대통령은 오원철 경제수석비서관을 서재로 불러 이런 질문을 했단다.

"100억 달러를 수출하자면 무슨 공업을 육성해야 하지?"

한국을 공업 선진국으로 만드는 데 핵심적인 역할을 했다고 평가받는 오원철 경제수석비서관은 이렇게 대답했어.

"중화학공업을 발전시킬 때가 왔다고 봅니다. 일본 정부는 제2차 세계 대전 뒤 폐허가 되다시피 한 경제를 소생시키기 위한 첫 단계로 경공업 위주의 수출 산업에 치중했습니다. 이는 현재의 우리나라 사정과 같습니다. 그뒤 수출액이 20억 달러에 달했을 때 중화학공업화 정책으로 전환했습니다. 이때가 1957년도입니다. 10년이 지난 1967년 일본은 100억 달러 수출을 하게 되었습니다. 현재 일본 수출의 주력 상품은 기계와 철강 제품입니다."

대통령은 잠시 깊은 생각에 잠기더니 자료를 만들어서 다시 설명하라고 지시했지. 지시에 따라 작성된 자료를 검토한 후 대통령은 중화학공업을 키우려는 결심을 굳히게 되었단다.

중화학공업 제품은 부가가치가 높아서 국민소득을 늘리는 데 유리한 산업이야. 부가가치란 생산 과정을 거치면서 새롭게 더해진 가치라는 말이야. 예를 들어, 탕수육 한 그릇이 2만 원인데 이를 만드는 데 들어간 재료비가 1만3천 원이라면 탕수육 한 그릇의 부가가치는 7천 원이 되는 거야.

세계 시장 환경도 우리에게 아주 희망적이었어. 1970년대 세계 시장에서는 중화학 제품에 대한 수요가 꾸준히 늘고 있었지만 공급은 이를 따라가지 못했거든.

중화학공업이 먼저 발전했던 선진국에서는 힘든 일을 하기 싫어하는 사람들이 늘어나면서 공장에서 일할 사람을 구하기 어려워졌고, 생산 과정에서 발생하는 공해 문제로 인하여 중화학공업 관련 시설을 늘리는 일이 힘들어졌어. 그래서 중화학공업을 키워서 수출을 하게 된다면 획기적으로 수출량이 증가할 가능성이 높았지.

하지만 전망이 밝다고 자본이 없는 상태에서 중화학공업에 투자하는 건 크나큰 모험이었어. 봄에 볍씨를 뿌리면 가을에 수확을 할 수 있지. 그러나 과수원에 복숭아나무나 사과나무를 심었다고 하여 가을에 바로 열매를 딸 수 있는 건 아니야. 3년 이상의 기간이 지나야 과일을 딸 수 있으니까 수확을 할 때까지 기다릴 여력이 없으면 과수원 경영을 할 수 없겠지?

공업 분야에서도 무슨 제품을 생산하느냐에 따라 투자 뒤 이익을 내기까지 걸리는 시간이 달라. 가발이나 의류 같은 경공업은 투자 뒤 제품 생산까지 긴 시간이 걸리지 않지만 중화학공업은 투자 뒤 결실을 거두려면 10년 이상을 기다려야 되는 경우도 있어.

이렇게 위험이 따르는 일이라 계획을 발표할 때까지 우여곡절을 겪었지만 마침내 1973년 1월 12일 '중화학공업화 선언'이 이루어졌단다. 먼저, 다른 산업의 성장을 이끌어내는 데 효과가 크고 부가가치가 높으며 세계 수준의 기술력으로 올라설 가능성이 큰 철강, 비철금속, 기계, 조선, 전자, 화학 등이 6대 중화학공업으로 선정되었어. 그리고 정부가 앞장서서 중화학공업화를 밀고 나갔지.

철강 부문에서는 1973년 7월에 완공된 포항종합제철의 시설을 지속적으로 확장하였어. 비철금속 부문에서는 온산공업단지에 아연과 동 제련소가 완공되었고, 석유화학공업에서는 울산석유화학공업단지의 확장과 여천

▲1975년 7월 진수식을 앞둔 울산현대조선소의 23만 톤 유조선

에 제2석유화학공업단지가 신설되었어.

조선공업 부문에서는 현대울산조선소와 대우옥포조선소가 세워졌단다. 또, 창원종합기계공업단지와 구미전자공업단지의 설립도 본격적으로 추진 되었지.

그 결과 철강, 자동차, 조선, 석유화학이 빠른 속도로 발전하여 1970년 대 초 40% 미만이었던 중화학공업화 비율이 1979년도 말에는 50% 이상 이 되었고, 수출 상품의 구조도 바뀌기 시작했단다. 덕분에 한국은 1977년 수출 1백억 달러, 1인당 국민소득 1천 달러의 시대를 맞이하게 되었어.

중화학공업화 정책은 계획 초기부터 세계 시장으로의 수출을 목표로 하여 생산 시설 규모를 키웠고 품질과 가격 경쟁력도 세계 일류 수준을 추구하였어. 정책이 성공하여 1980년대 한국은 비약적인 경제 성장을 하게 되었지.

하지만 이로 인해 생긴 문제점도 많았단다. 타이베이나 중남미 국가를 비롯한 많은 나라에서는 중화학공업 분야는 국영 기업이 담당하였어. 그러나 한국의 중화학공업화는 정부가 앞장서서 재벌들에게 생산 참여를 권하는 형태로 이루어졌지. 정부는 중화학공업에 투자하는 기업들을 지원하기 위해 돈을 찍어 내어 유리한 조건으로 돈을 빌려주고 세금 혜택도 주었어. 이로 인해 재정 적자와 통화량이 늘어났고, 높은 수준의 물가 상승이 지속되었단다.

재정 적자란 한 해 나라 살림을 하면서 정부가 쓴 돈이 거두어들인 세금보다 많은 경우에 생기는 적자를 가리키는 말이야. 정부는 부족한 돈을 중앙은행에서 빌리거나 채권을 발행하여 메울 수밖에 없지. 중앙은행이 정부에 돈을 빌려주기 위해 돈을 찍어 내면 통화량이 늘어나게 되고 물가는 올라갈 수밖에 없어.

또, 정부의 지원이 중화학 부문에 집중되다 보니 경공업 부문과 농업 부문에 대한 투자는 제대로 이루어지지 않아서 이 부문에서는 생산성 향상이 이루어지지 못했단다. 뿐만 아니라 재벌 중심의 경제 정책으로 인하여 경제의 주춧돌 역할을 해야 할 중소기업이 경쟁력을 잃게 되었고, 부자와 가난한 사람들 간의 소득 차이가 점점 더 커지게 되었지.

　요즘은 자녀가 세 명인 집을 찾아보기 힘들지만 1960년이나 1970년대에는 형제자매들이 다섯, 여섯인 집들이 수두룩했어. 모든 자녀들을 다 교육시킬 여력이 없었던 부모는 큰아들이나 똑똑한 아들만 학교에 다니게 했지.

　이들이 공부를 하는 동안, 다른 자녀들은 농사를 짓거나 공장에서 일하며 돈을 벌어 학비를 대 주었어. 다른 식구들의 희생으로 공부했던 아들은 취직 후 돈을 벌게 되면 부모를 부양하거나 다른 형제자매들이 어려울 때 도와주는 집안의 기둥 노릇을 하였단다.

　정부가 앞장서서 경제개발을 이끌어나가는 중에도 이와 비슷한 일이 벌어졌어. 자금이 부족한 상태에서 모든 산업을 골고루 발전시키기 어렵다 보니 우선 순위를 둔 부문에 집중적으로 지원하는 일이 이루어졌지. 정부는 매년 우선적으로 지원하는 산업 및 용도를 정하여 여러 혜택을 주었어.

　1970년대에 들어서 중화학공업의 중요성이 강조되자 이런 현상은 더욱 심해졌지. 중화학공업은 생산 시설 마련에 막대한 자금이 필요할 뿐만 아니라 투자 후 돈을 벌어들일 때까지 걸리는 기간이 매우 길어서 기업들이 섣불리 투자에 나설 수 없었어. 그래서 정부의 적극적 지원이 필요했거든.

　정부는 중화학공업 육성을 위해 1973년 12월 국민투자채권을 발행하여 자금을 마련했단다. 뿐만 아니라 금융 기관과 연금 기관으로부터도 이에 필요한 자금을 의무적으로 지원받기 위해 국민투자기금이라는 걸 만들었단다. 은행은 저축성 예금의 20%를 국민투자기금으로 돌려야 했고, 공무

원연금기금도 국민투자기금으로 활용되었지.

　이렇게 마련된 돈은 중화학공업과 전기전자업, 광업, 새마을 공장사업에 종사하는 기업에 빌려주었어. 대출 금리도 다른 대출에 적용되는 금리보다 낮았고, 돈을 빌려주는 기간도 10년으로 아주 길었단다.

　정부의 지원을 받는 업종에 진출한 기업들은 무서운 속도로 몸집을 불려나갔고, 오늘날의 재벌 기업으로 성장하게 되었어. 재벌이란 가족이나 친족 중심으로 경영이 이루어지는 대규모 기업 집단을 말해.

　미국이나 유럽은 대기업이라도 전문 경영인이 최고 경영자가 되어 경영에 참여하는 경우가 많지만, 우리나라 대기업은 기업을 소유한 가족이나 친족이 직접 경영에 나서는 경우가 대부분이야.

경제개발 실시 이전부터 이미 사업 기반을 다졌던 현대, 삼성, 럭키금성 (현 LG)을 비롯한 많은 기업들은 조선, 자동차, 전자, 항공, 운수산업 등에 진출하여 정부 지원을 받으며 기업을 성장시켜 현재의 재벌 기업이 되었지.

한국의 재벌 기업을 한 가정에 비유하면 집안을 일으켜 세우기 위해 부모와 다른 형제자매들의 희생으로 공부한 아들이라고 할 수 있어. 가족들이 힘들여 번 돈으로 공부하여 성공한 사람이 자신이 똑똑하여 혼자 힘으로 오늘의 위치에 오른 것처럼 행동하면 다른 가족들은 불만이 생기겠지? 재벌 기업을 소유한 사람들이 자신들의 이익만을 앞세운다면 국민들이 느끼는 감정도 마찬가지일 거야.

경제 성장이 최우선 과제였던 시기에는 모든 경제 정책이 성장에 초점을 맞추어 몇몇 산업에 집중하여 이루어졌지만 이미 경제 선진국이 된 오늘날은 이와 달라. 정부의 가장 중요한 역할은 모든 국민이 골고루 잘사는 복지 국가로 만드는 일이 되었어.

◇ 거리를 달리는 승용차의 절반은 포니

1900년에 시작되었던 토리노 모터쇼는 1898년 파리 모터쇼 다음으로 긴 역사를 가진 국제 모터쇼야. 디자인 강국 이탈리아에서 열리는 만큼 특히 디자인을 중시하지.

1974년 10월 30일 토리노에서 열렸던 제55회 모터쇼에서 현대자동차는 야심작 포니를 선보였어. 한국 최초의 고유 모델 승용차인 포니는 세계적으로는 16번째, 아시아에서 2번째로 개발된 고유 모델이야.

현대자동차는 '20세기 최고의 자동차 디자이너'로 손꼽히는 이탈리아의 조르제토 주지아로에게 120만 달러를 주고 디자인을 맡길 정도로 고유 모델 개발에 공을 들였단다. 다행히 포니의 디자인은 세련되었다는 평을 들었지.

데뷔전을 성공적으로 치른 포니는 1975년 12월에 생산을 시작하여 1976년 2월에 울산공장에서 처음으로 출고되었어. 한국 사람의 취향과 체격에 적합했던 포니는 단단하고, 한국 도로 사정에도 맞는 경제성이 뛰어난 승용차여서 아주 인기가 좋았단다.

1976년 포니의 판매 가격은 220만 원 정도로 제법 높았지만 판매 첫해에 1만 726대가 팔려서 국내 승용차 시장 점유율 43.6%를 차지했단다. 거리를 달리는 자동차 절반이 포니였을 정도이니까 대단한 인기를 누렸지?

아무리 인기가 좋았어도 포니의 부품들이 수입품이었다면 우리 경제에

▲달리는 승용차의 절반은 포니였던 1977년 서울 거리

큰 도움이 되지 못했을 거야. 그런데 포니 승용차에 들어가는 자동차 부품의 90%는 한국산 제품이라 자동차 부품 산업 발달에도 큰 공헌을 하였지.

또한 포니는 1976년 7월 국내 자동차로는 처음으로 에콰도르에 수출되어 우리나라는 자동차 수출 국가의 대열에 끼게 되었단다. 1982년 '포니2' 모델이 '포니'의 뒤를 이었고, 1984년까지 포니 시리즈 생산은 50만 대를 돌파하였지.

국내 승용차 시장을 주름잡았던 포니였지만 안타깝게도 미국으로 수출하지는 못했어. 미국 도로를 달렸던 최초의 한국산 승용차는 포니 시리즈 다음으로 시장에 선을 보였던 엑셀이었단다. 현대자동차는 1984년 국내 시장에 선보였던 엑셀을 1986년 미국으로 수출하는 데 성공했어.

엑셀은 수출 후 3년 연속 미국 베스트 판매 수입 소형차로 뽑히는 영광을 차지했고, 1989년에는 단일 차종으로 수출 100만 대를 돌파하였단다.

◇ 신화가 된 주베일 산업항 공사

이 글을 읽기 전에 80쪽의 이야기 '주베일 산업항 공사 입찰'을 먼저 읽어 보렴. 현대건설이 사우디아라비아 주베일 산업항 공사를 따내기는 했지만 성공적으로 마무리할 수 있다고 확신하는 사람들은 거의 없었단다. 초등학교 어린이가 수학을 전공하는 대학생들도 다루기 힘든 문제를 풀어보겠다고 나선 격이나 마찬가지였거든.

공사 현장 소장은 부산 신항만 건설 등 여러 어려운 공사를 성공적으로 처리했던 김용재 이사가 맡게 되었어. 하지만 바다 위 공사 경험이 없었던 현장 소장은 수많은 어려움을 어떻게 풀어야 할지 고민하느라 홍콩과 태국을 거쳐 사우디아라비아로 가는 1박 2일 동안 거의 잠을 이룰 수 없었단다. 현장에 도착한 후 상금 1천 달러를 내걸고 아이디어를 내라고 하자, 다행히 공사 기간을 줄일 다양한 아이디어들이 쏟아졌단다.

주베일 산업항 공사를 위해서는 우선, 깊이 10m 바다를 길이 8km, 폭 2km만큼 메워서 항구와 기타 시설을 만들어야 했어. 그 다음에 깊이 30m 바다에 30만 톤급 유조선 4대를 동시에 댈 수 있는 3.6km 길이의 시설을 세워야 했단다.

이 시설을 바다 위에 세우려면 400톤 무게의 철근 구조물 89개가 필요했어. 철근 구조물은 지름 1~2m의 파이프를 이용하여 가로 18m, 세로 20m, 높이 36m의 크기로 만들어야 했지.

현대건설에서는 공사 기간을 줄이고 구조물 제작 비용을 절약하기 위해서 이를 울산 현대중공업에서 만들기로 했어. 그리고 한국에서 파도가 심한 인도양을 거쳐 주베일까지 35일이나 걸려 운반하기로 한 거야. 이런 계획을 듣고 외국 기술자들은 고개를 절레절레 흔들며 무모하다고 입을 모았지.

그러나 현대건설은 항해 중 발생할 수 있는 모든 상황을 컴퓨터로 정밀 분석한 후 무려 열아홉 번에 걸쳐 철근 구조물을 실어 날랐단다. 세계 건설 역사에서 이런 일은 전에도 후에도 일어나지 않았어. 그리고 바다 바닥을 종 모양으로 파고 철근과 콘크리트를 넣고 그곳에 철근 구조물을 세우는 세계 최초의 공사 방법을 고안하였지.

공사가 이루어졌던 주베일을 사람들은 '대한민국 울산시 주베일동'이라고 불렀어. 일하는 사람은 모두 한국인이었고, 거리를 달리는 자동차, 먹는 음식, 사무실의 가구와 집기, 심지어 필기구까지 모두 '메이드 인 코리아'였거든. 한 푼이라도 외화를 아끼기 위해서였지.

수많은 신화를 만들어내면서 20세기의 대역사라 불린 주베일 산업항 공사

▲20세기 건설업의 신화를 탄생시킨
사우디아라비아 주베일 산업항

는 2년 반 동안 진행되어 1979년 2월 성공적으로 마무리되었단다.

주베일 산업항 공사의 성공으로 현대건설은 라스알가르 주택항공사, 쿠웨이트 슈아이바항 확장 공사, 두바이 발전소 건설 등 중동에서 이루어졌던 대형 공사를 잇따라 맡게 되었어. 현대건설은 1975년 중동 진출 후 1979년까지 약 51억 6천4백만 달러의 외화를 벌어들였단다.

현대건설의 성공에 힘입어 국내 다른 건설업체들도 줄지어 중동 건설 시장에 진출할 수 있었지. 1970년대 후반과 1980년대 초반의 중동 건설 붐으로 벌어들인 외화는 경제 성장 도약기에 가뭄 속 단비와 같은 도움을 주었어.

종합무역상사 미주 지역 담당 강문수 과장은 언제나 새벽에 일어났어. 미국과의 시차 때문에 오전 7시까지 출근해야 제대로 업무 처리를 할 수 있었거든. 이메일이나 팩스가 없었던 시절, 바이어와의 의사 소통은 주로 텔렉스로 이루어졌지.

텔렉스는 전화처럼 다이얼을 돌려서 상대방의 전신기에 연결한 후 텔레타이프(전신 인자기)의 자판을 두드리면 내용이 그대로 상대방 전신기에서 인쇄되어 읽을 수 있는 통신 방식이야. 국제전화를 걸어 진땀을 흘리며 더듬거리는 영어로 잘못된 일을 바로잡을 때도 있었단다.

그는 사무실에 도착하여 자리에 앉으면 벽에 붙어 있는 '안 되면 되게 하라.'라는 글귀가 가장 먼저 눈에 들어왔지. 매일 아침 보는 글이었지만 이 글귀를 대하면 셔츠를 한 장이라도 더 수출해야겠다는 비장한 각오를 하였어.

정부는 일본의 제도에서 힌트를 얻어 1975년부터 무역 업체들의 과도한 경쟁을 피하고 수출 실적을 높이기 위해서 종합무역상사제도를 만들었어. 종합무역상사의 자격은 국가 전체 무역 실적의 2% 이상에 달하는 수출 실적이 있는 기업에 주어졌지. 종합상사 직원들은 글로벌 네트워크가 없는 기업들을 대신해서 전 세계를 뛰면서 우리 기업들의 수출 창구 역할을 했단다.

1964년 11월 30일은 우리나라가 처음으로 연간 수출 1억 달러를 달성한 날이야. 그래서 매년 11월 30일을 '수출의 날'로 정하여 이날을 기념하게 되었는데, 1990년부터 '무역의 날'로 이름을 바꾸었단다. 2012년부터 '무

역의 날'은 12월 5일로 변
경되었는데, 2011년 12월
5일에 이루었던 무역 1조
달러 달성을 기념하기 위
해서였어.

1억 달러 수출 달성 후
수출은 더욱 강조되어 '수
출은 성장의 엔진', '수출만
이 살 길'이라는 구호까지
등장하였지. 1966년에는
대한무역진흥공사를 설립
하여 해외 시장 개척을 지
원하게 하였고, 1969년에
는 마산과 이리에 수출 자
유 지역이 만들어졌어. 또

▲1977년 12월 12일 서울 장충체육관에서 열린
수출 100억 불 달성 기념식

한 수출 기업에는 세금이나 금융 지원뿐만 아니라 외교적인 지원과 정보
수집 등 여러 방면의 편의가 제공되었단다.

'수출 40% 신장'이라는 목표 아래 '무조건 밀어붙이기' 정책이 이루어지
자 해마다 38~39%씩 수출이 늘어나 1971년에는 10억 달러 수출을 달성
할 수 있었어. 이런 추세는 계속되어 1977년 드디어 대망의 1백억 달러 수
출을 이루게 되었단다.

1962년에는 수출 상대 국가가 10여 개밖에 안되었지만, 1979년에는 140여 개국으로 늘어나 거의 전 세계가 우리의 수출 시장이 되었지. 2011년부터 연간 5천억 달러 이상을 수출하는 최근 실적과 비교하면 초라하지만 당시에는 얼마나 감격스러운 일이었는지 몰라.

1960년대 우리나라 주력 수출 품목 1위는 가발이었어. 1960년대 후반 가발은 우리 경제의 희망이었고 수출의 꽃이었지. 가발 업계의 선두 주자였던 대화는 1966년 70만 달러, 이듬해 120만 달러의 수출 기록을 세웠어.

대화는 생산한 제품에 주문자의 상표명을 붙여 판매하는 OEM 방식에서 한 단계 발전하여 1992년부터 '루이페레'라는 자체 상표를 붙인 제품을 수출하게 되었어. 현재 대화의 생산 공장은 중국과 인도네시아에 있단다.

1970년대 가장 주요한 수출 품목은 합판이었는데, 이 분야의 대표 수출 업체는 성창기업이었지. 1958년 처음으로 미국으로 합판을 수출하기 시작했던 성창기업은 1970년 1천4백만 달러를 수출한 후 지속적으로 성장하여 1977년 4천1백만 달러의 수출을 기록했어. 성창기업은 합판 이외에 마루와 보드 제품 등 생산품을 다양화하여 현재까지 살아남은 장수 기업이 되었단다.

1980년대 주요 수출 품목은 의류였고, 대표 기업은 대우실업이었어. 1989년 의류 수출 8억2천만 달러를 달성한 대우실업은 한국 3대 재벌그룹에 속했던 대우그룹으로 발전하였지. 무리한 해외 진출로 경영난을 겪으면서 그룹이 해체되었지만, 포스코 인터내셔널이나 대우건설 등 대우실업에 뿌리를 둔 기업들이 현재까지도 영업 활동을 하고 있단다.

1970년 주요 수출 품목(자료: 관세청)

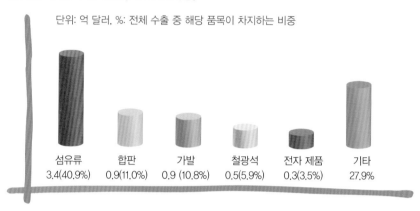

단위: 억 달러, %: 전체 수출 중 해당 품목이 차지하는 비중

섬유류	합판	가방	철광석	전자 제품	기타
3.4(40.9%)	0.9(11.0%)	0.9 (10.8%)	0.5(5.9%)	0.3(3.5%)	27.9%

수출 10억 달러를 달성하기 위해 땀 흘렸던 시절의 주요 수입 품목은 기계류였어. 무엇이든 팔 수 있는 물건이면 만들어 수출을 늘려야 했지만 제품을 만드는 데 필요한 기계를 생산할 기술력은 아직 갖추지 못했기 때문이야.

1970년 주요 수입 품목(자료: 관세청)

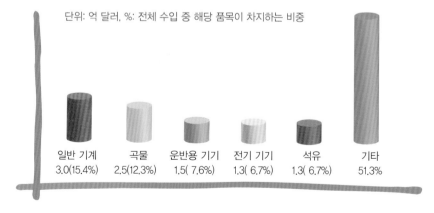

단위: 억 달러, %: 전체 수입 중 해당 품목이 차지하는 비중

일반 기계	곡물	운반용 기기	전기 기기	석유	기타
3.0(15.4%)	2.5(12.3%)	1.5(7.6%)	1.3(6.7%)	1.3(6.7%)	51.3%

1974년 8월 15일 광복절, 한국에서 처음으로 지하철 운행이 이루어졌어. 종로선이라는 서울 지하철 1호선이 개통되었는데 서울역에서 청량리역까지 7.8km의 구간을 운행했지.

지하철을 타려면 우선 역에서 30원을 주고 두꺼운 종이로 만들어진 전철 승차권을 사야 했어. 그리고 개찰구로 가면 역무원이 승차권을 본 후 확인 표시를 해주었지.

승차권에는 당일 날짜가 찍혀 있어서 매일 승차권을 사야 했으므로 현재 시스템과 비교하면 불편하기 그지없었지만 그 시절에는 땅속으로 전철을 타고 다니는 경험만으로도 신기하여 모든 일들이 즐겁기만 했단다.

세계 지하철의 역사에 비하면 한국 지하철 개통은 늦은 편에 속해. 땅속을 달리는 데 가장 적합한 운송 수단인 전동차는 유럽에서는 19세기 말부터 운행되기 시작했거든. 1896년 부다페스트, 1898년 비엔나, 1900년 파리, 1901년 보스턴, 1902년 베를린, 1904년 뉴욕, 1927년 도쿄, 1935년 모스크바에 지하철이 등장하였어.

▲1974년 8월 15일에 이루어진 서울 지하철 1호선 개통

서울로 삶의 터전을 옮기는 사람들이 급속하게 늘어나면서 우리나라에도 지하철 건설이 필요하다는 말이 나오기 시작했어. 1970년 서울의 인구는 15년 전보다 3.5배가량 증가하여 5백5십만 명 정도가 되었단다.

공업화가 진행되면서 전국 각지에서 일자리를 찾아 사람들이 서울로 모여들자 가장 심각하게 떠오른 것이 교통 문제였어. 교통난을 해결하려면 빠른 시일 내에 지하철을 건설하는 게 가장 좋은 방법이었지만 막대한 자금이 들어가는 일이라 찬성보다는 반대하는 여론이 더 많았단다.

돈 문제를 놓고 고민하다가 정부는 일본 정부에 지하철 건설 자금을 빌려줄 것과 건설 기술에 대한 협력을 부탁했고, 일본은 이를 받아들였지. 그래서 1970년 6월에 지하철 건설 본부가 만들어졌고, 1971년 4월에 지하철 1호선이 착공되어 1974년 8월 15일에 개통되었던 거야.

청량리역과 서울역을 이어 주는 9개 지하철 구간의 개통과 함께 예전부터 땅 위로 개설되었던 청량리역-성북역, 서울역-인천·수원 철도 구간을 전철이 달리도록 만들어 연결함으로써 지하철은 수도권의 대중교통 수단으로 자리 잡았고, 시민의 발 역할을 담당하게 되었단다.

◇ 새로운 주거 형태로 떠오른 아파트

1958년 서울 성북구 안암동 고려대학교 담장 옆 언덕에 152가구가 모여 살 수 있는 공동주택이 들어섰어. 공동주택의 이름은 '종암아파트'로 한국에서 최초로 '아파트'라는 이름을 붙인 건물이었지. 최초로 수세식 변기를 설치한 아파트라는 기록도 가지고 있단다.

71

이 아파트는 1993년에 재건축을 위해 철거되었고, 1996년부터 종암선경아파트가 들어섰지.

최초의 단지형 아파트는 1961년 10월에 착공하여 1964년 11월 30일에 공사가 마무리된 마포아파트야. 마포아파트는 6층 높이의 Y자형 6개 동 총 450가구의 1차 단지와 일자형 4개 동 192가구의 2차 단지를 합쳐서 10개 동 642가구로 이루어진 단지였어.

마포아파트는 지진이 일어날 경우에도 안전하도록 내진 설계까지 적용된 철근 콘크리트 건축으로, 한국 전통 가옥의 특색인 온돌 대신 서양식 입식 생활을 할 수 있는 구조로 만들어졌단다. 건설을 담당했던 대한주택공사는 처음에는 10층 11개 동 1,158호 규모로 각 동마다 엘리베이터를 설치하고, 중앙난방 시스템을 적용하여 아파트를 건설할 계획을 세웠단다.

그러나 전기와 물이 부족한데 한 건축물에 너무 많은 자원을 몰아준다는 비난이 쏟아져서 규모와 설비를 대폭 수정하게 되었지. 그래서 층수는 6층으로 하였고, 엘리베이터 설치는 없던 일로 되었고, 중앙난방은 연탄보일러를 이용한 개별난방으로 변경하였어.

단지형 고층 아파트가 너무 낯설었던 시절이라 연탄가스의 위험이 있다는 소문이 나돌자 초기에는 들어와 살겠다는 가구가 전체 가구의 10% 미만일 정도로 인기가 없었단다.

1차 단지가 완공되었던 1962년 겨울은 유난히 추웠는데 빈 집이 많다 보니 수도관이 얼어 터져 버렸고, 연탄가스 배출이 제대로 안 되는 문제가 생겨서 실험용 쥐를 구하여 배기가스 중독 실험까지 했어. 문제 없음을 확인시키려고 현장 소장이 연탄가스가 샌다고 알려진 방에서 잠을 자기도 했단다.

하지만 이후로는 차츰 아파트에 대한 인식이 바뀌어 아파트는 편리하고 고급스러운 주거 공간으로 떠오르게 되었어. 영화에서 마포아파트가 부자들이

▲하늘에서 내려다본 Y자형 6개 동 마포아파트 1차 단지

사는 곳으로 자주 등장했거든. 1991년 3월 마포아파트는 재건축을 위해 철거되었고, 1997년부터 마포삼성아파트가 들어섰어.

마포아파트의 성공을 보고 서울시는 서민들에게 쾌적한 환경의 거주 공간을 마련해 준다는 야심찬 계획을 세웠단다. 서울 인구가 늘어나면서 서울시는 좁은 땅에 많은 사람들이 거주할 수 있는 싼값의 서민 아파트 건설이 절실하다고 보았던 거야. 그래서 1969년부터 1971년까지 3년간 서민아파트 2천 동을 공급해 9만 가구의 보금자리를 마련하기로 했지.

신속한 입주를 위해 서울시는 아파트 뼈대만 짓고 내부 공사는 입주자가 직접 하는 방식을 택했어. 아파트 입주에 들어가는 돈은 몽땅 빌려주고, 살면서 15년간 갚는 조건을 내걸었으므로 서민들은 환호성을 질렀단다.

▲1970년대 주거문화를 바꾼 한강변 중산층 아파트

　그러나 1970년 4월 서민 아파트의 하나였던 와우아파트 한 동이 완공된 지 석 달 만에 푹석 주저앉는 사고가 발생했단다. 마포구 창천동 가파른 산중턱에 세워졌던 와우아파트 붕괴 사건 이후 서민 아파트 건립은 주춤해 졌어.

　대신 1970년 최초의 중산층 아파트인 한강맨션아파트가 준공되어 중산 층 아파트에 대한 관심이 높아졌지. 한강변에 자리를 잡은 한강맨션아파트 는 완전 입식 구조로 침실과 부엌을 완벽하게 분리하였고, 고급 자재를 사 용하여 아파트의 격을 한 단계 높였어. 뿐만 아니라 단지 안에 학교와 공 공 기관, 상가 등 각종 편의 시설이 들어섰고, 분양을 위해 모델하우스까 지 만들었단다.

　와우아파트 붕괴 사고로 아파트에 대한 이미지가 나빠져 초기에는 분양이 순조롭지 않았지만, 살고 있는 사람들이 만족해한다는 소문이 나자 점점 미분양은 줄어들었지.

한강맨션아파트를 비롯한 한강변 아파트 단지가 인기를 끌게 되자 비싸지만 안전한 중산층 아파트가 많이 건설되었고, 아파트는 새로운 주거 형태로 떠오르게 되었단다.

1970년에는 아파트에 거주하는 가구의 비율이 1% 미만이었으나 2000년에는 37%, 2020년에는 52%로 늘어나 아파트는 이제 가장 높은 비율의 주거 형태가 되었어.

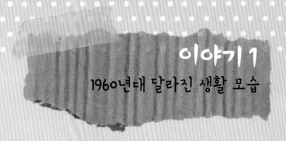
1960년대는 개천 여기저기에서 빨래하며 이야기를 나누는 아주머니들의 모습을 흔히 볼 수 있었단다. 봄이면 개천가에서 겨우내 빨지 못했던 이불에 무궁화 세탁비누를 칠하고 때가 잘 빠지도록 빨래 방망이를 두드리는 소리가 경쾌하게 들렸지.

빨래터는 동네 아주머니들이 살림 정보를 교환하는 곳이었어.

"비누 대신 하이타이를 써 봐. 하이타이를 넣고 빨래를 삶으면 백옥같이 하얗게 돼. 그런데 내일 점심때 손님이 오시는데 무얼 대접하지?"

"친구 집에 놀러갔더니 라면을 끓여 주더라고. 달걀 한 개 풀고, 파만 썰어 넣어도 정말 맛있어. 손님 대접에는 라면이 최고야."

경제개발의 성과로 공장들이 세워지면서 새로운 상품들이 계속 선을 보였는데, 이렇게 상품에 대한 정보 교환이 빨래터에서 이루어졌단다.

그러나 1967년 한국수자원공사가 설립되어 집집마다 수돗물이 공급되기 시작했고, 1969년 국내 최초로 세탁기가 개발되는 등 생활 여건이 변화하자 개천에서 빨래하는 모습은 점차 사라지게 되었어.

빨래하는 모습만 변한 게 아니야. 새로운 상품들이 쏟아져 나오면서 사람들의 생활에도 많은 변화가 일어났지. 1960년 초기까지만 해도 주로 면, 모시, 삼베 등 천연섬유로 만든 옷을 입었으나 합성섬유가 등장하자 패션이 화려해지고 다양해졌단다.

1966년 8월 국내 최초로 흑백 TV가 선을 보였는데, 물건을 먼저 들여놓은 후 여러 번에 걸쳐서 돈을 갚아 나가는 할부 금융을 이용하면 목돈이 없어도 전자제품을 구입할 수 있게 되자 TV를 사는 집이 늘어났지.

TV를 통해서 소개되는 서양 문화의 영향으로 핫팬츠, 미니스커트, 소매 없는 옷 등이 인기를 끌게 되었어. 사람들은 고무신 대신 편한 운동화를 신게 되었고, 멋쟁이들은 구두 신기를 즐겼지.

갈증에는 시원한 물 한 잔이 최고였던 시절은 지나갔고, 다양한 음료수를 즐기게 되었어. 어린이들은 소풍을 갈 때 코라(지금은 콜라라고 함.)와 사이다를 챙겨 갔고. 아침에는 커피, 퇴근 후에는 맥주를 즐기는 직장인들이 늘어났단다. 새로운 먹을거리도 인기였지. 동네 구멍가게에서는 껌이 불티나게 팔렸고, 과자나 빵 맛을 알게 된 어린이들은 찐 감자나 군고구마 간식을 별로 달가워하지 않게 되었단다.

사람들이 정을 나누기 위해 주고받는 선물도 달걀 꾸러미와 직접 기른 농산물 대신 공산품으로 바뀌었어. 1960년대 최고 인기 선물은 설탕이었고, 라면, 맥주, 세탁비누도 받으면 즐거운 선물이었지. 시골에 계신 부모님께 석유곤로, 다리미를 선물하면 효자라는 소리를 들었단다.

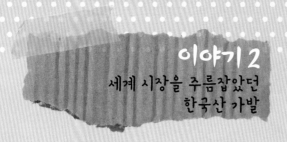

이야기 2
세계 시장을 주름잡았던
한국산 가발

"머리카락 삽니다."

1960년대 중반 이후 엿장수와 고물장수들은 손수레를 끌고 동네 골목골목을 다니며 머리카락을 산다고 외치고 다녔단다. 어머니들의 머리에 흰 수건이 둘러져 있고, 저녁상에 흰쌀밥이 올라와 있다면 그날은 어김없이 머리카락을 판 날이었지.

경제개발 초기부터 정부는 수출 산업을 키우기 위해 노력했어. 우선 수출 품목을 정하기 위해 가장 유능하다는 세일즈맨 30명을 선발한 후, 이들에게 영국과 프랑스, 미국의 유명 백화점을 돌아보며 우리가 팔 수 있는 제품을 찾아내라는 임무를 주었단다.

적당한 상품을 찾지 못하여 속이
바짝바짝 타들어 가고 있을 때,
미국 백화점 앞에 흑인들이 길게
줄을 서 있는 모습이 눈에 들어
왔어. 심한 곱슬머리라 머리 손질
이 어려운 흑인들이 가발을 사려
고 기다리는 줄이었지.
"바로 이거다! 머리카락은 잘라
도 다시 자라니까 재료 걱정은
하지 않아도 돼. 더구나 우리나라
여성의 머리카락은 비단처럼 매

▲1960년대 수출 1위 상품인 가발을 생산하는 과정

끄럽기로 유명하지. 가발을 만들어 수출하면 분명히 미국 시장에서 경쟁력이 있을 거야.
좋아. 가발 산업을 키우자고 해야지!"
가발 산업 아이디어는 반응이 좋았고, 가발 공장을 운영하겠다고 나서는 기업들도 나타
났어. 수출 첫해였던 1964년 가발 수출액은 1만4천 달러였단다. 다음 해에는 미국에서 중
국산 머리카락으로 만든 가발이 수입 금지가 되자 무려 10배가 넘는 155만 달러어치의
가발을 수출하게 되었어. 7~8개에 불과했던 가발 기업은 40여 개로 증가하였고 수출량
도 폭증하였지. 정부에서는 가발 기능 양성소까지 세우며 가발 산업을 지원했단다.
1966년 가발 수출액은 1천만 달러를 넘어섰고, 매년 수출이 엄청난 속도로 증가하여
1967년에는 2천만 달러, 1968년에는 3천만 달러, 1969년에는 5천만 달러로 늘어났어.
1970년에는 9천4백만 달러에 이르는 가발을 수출하여 가발 수출액이 총 수출의 9.3%를
차지했단다.
우리나라 여성들의 머리카락으로 만든 가발이 세계 시장을 주름잡으며 경제 발전에 필
요한 외화를 벌어들이는 데 일등 공신이 된 거야.

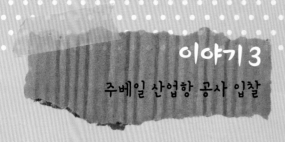

이야기 3
주베일 산업항 공사 입찰

1976년 2월 16일 오전 9시 주베일 산업항 공사 입찰이 벌어졌던 사우디아라비아 리야드의 체신부 회의실에 한국 현대건설의 정주영 사장이 간부 세 명과 함께 나타났어.

입찰이란 공사를 하거나 물건을 살 때 여러 기업을 불러 경쟁을 시킨 후 가장 유리한 조건을 제시하는 기업에게 주문을 하는 제도야. 입찰에 의해 건설 공사를 할 기업을 정하는 경우는 가장 낮은 금액을 써낸 기업이 공사를 맡게 돼. 그래서 공사 능력이 없는 기업이 공사를 맡게 될 위험을 피하기 위해 미리 입찰 참여 기업의 자격을 제한하지.

일본 최대 건설 회사도 자격 요건을 충족시킬 수 없어 입찰 참여를 포기했는데 중동 건설 실적이라고는 1975년 이란에서의 8백만 달러 공사가 전부였던 현대건설이 어떻게 입찰에 참여할 수 있었을까?

정주영 사장의 특기는 '무조건 부딪치고 보자!'라는 뚝심이었어. 그가 황당한 계획을 세울 때마다 주위 사람들이 여러 이유를 들어 실현 가능성이 낮음을 설명하며 말리면 언제나 이렇게 물었단다.

"해봤어?"

현대조선소를 세울 때에도 마찬가지였지. 당시 한국의 중공업은 걸음마 단계였으므로 외국 은행으로부터 조선소 건설 자금을 빌린다는 일은 꿈도 꿀 수 없었어.

그러나 1971년 9월 영국 바클레이즈 은행으로부터 조선소 건설을 위한 돈을 빌려준다는 약속을 받았단다. 500원짜리 지폐에 있는 거북선 그림을 보여 주며 조선이 영국보다 300년이나 앞서서 철갑선을 만들었으므로 한국인에게는 세계 최고의 조선 기술을 자랑했던 조상의 피가 흐름을 강조하여 은행을 설득했던 거야.

무모할 정도의 도전 정신으로 무장한 정주영 사장이 이번에는 사우디아라비아 정부 관계자를 설득한 끝에 입찰 참여 승낙을 받아내었고, 사우디아라비아 상업은행에서 2천만 달러의 입찰 보증금 지급 보증서를 받아낸 후 주베일 산업항 공사에 도전한 것이었단다.

그날 오후 3시 조금 넘은 시간, 드디어 입찰 결과가 발표되었어.

"주베일 산업항 건설은 9억 3천1백14만 달러를 제시한 현대건설이 맡게 되었습니다. 저희는 42개월의 공사 기간을 조건 없이 6개월 앞당기겠다는 제의에 감명을 받았습니다."

9억 3천1백14만 달러는 당시 환율로 계산하면 4천6백억 원으로, 그해 한국 예산의 절반에 해당할 정도로 엄청난 금액이었지.

그러나 입찰에 참여했던 외국기업들은 현대건설이 제시한 조건에 기가 막혔단다. 가장 높은 금액을 써낸 미국 회사의 절반이었고, 차점자보다 무려 3억 달러나 적은 액수였거든.

3장

산업 구조의 선진화와 비약적 경제 성장

연 100억 달러
국제수지 흑자

경제 성장률
10% 이상

물가 안정

지원이는 4년 전 첫 해외여행을 했던 겨울방학을 잊지 못해. 해외여행을 가고 싶다고 노래를 부르다가, 그때 이모가 살고 있는 하와이로 가족 여행을 갔었거든.

눈이 휘둥그레질 정도로 크고 복잡한 인천공항에 오니 꿈을 꾸고 있는 것 같았어.

"와, 드디어 해외에 가보네! 홍준이가 세 번이나 해외여행을 했다고 자랑할 때마다 정말 부러웠어요."

"엄마는 대학생 때 처음 비행기를 타 봤어."

"엄마도 저처럼 해외여행을 한 친구들이 많이 부러웠어요?"

"아니, 해외여행을 했던 친구들이 없었거든. 88올림픽이 끝난 다음 해부터 해외여행이 가능해졌는데, 우리는 고등학생들이라 대학 시험공부 하느라 여행은 꿈도 꾸지 못했지."

"88올림픽 전에는 왜 해외여행을 갈 수 없었어요?"

"해외여행을 하면 우리나라 사람들이 다른 나라에서 돈을 쓰게 되지? 나라가 가난할 때에는 한 푼이라도 외화를 아껴야 돼서 해외여행을 금지했던 거야."

지금은 우리나라가 더 이상 국민들의 해외여행을 금지할 정도로 가난한 나라가 아니라서 정말 다행이지?

1979년 10월 26일 박정희 대통령이 중앙정보부장의 총에 맞아 사망하는 사건이 발생했어. 한국은 걷잡을 수 없는 혼란 속으로 빠져들었고, 정치인들은 권력을 둘러싸고 치열한 싸움을 벌였지.

그러자 다시 혼란을 바로잡는다는 명분을 내세우며 군인들이 정치의 정면에 나서는 일이 발생했고, 비상 계엄령이 선포되었단다.

이에 대한 시민들의 저항은 무력으로 진압되었고, 결국 육군 대장이었던 전두환이 통일주체국민회의에서 대통령으로 선출되어 1980년 9월 1일 제11대 대통령으로 취임하였어.

박정희 대통령이 정권을 민간에 돌려주지 않고 스스로 대통령이 되고나서, 정권 유지를 위해 선택할 길은 한국을 잘사는 나라로 만드는 것이었어.

정당하지 못한 방법으로 정권을 잡은 전두환 대통령도 마찬가지였단다. 정권을 유지하려면 무조건 경제 안정을 통해 서민이 잘사는 세상을 만들어야 했지.

하지만 국내 경제 상황은 그리 순탄하지 않았어. 1979년에는 소비자 물가가 18% 올랐는데, 1980년에는 30% 가까이 올랐단다.

정부가 지원을 아끼지 않았던 중화학공업 부문은 경제의 효자 노릇은 고사하고 대부분의 중공업 관련 기업들이 손실을 보는 상태였지. 미래를 예측할 수 없는 상황 속에서 기업들은 자율적으로 경영 전략을 세우지 못한 채 정부의 눈치만 살폈어.

해결책을 찾아야 하는 상황에서 대통령은 경제는 경제 전문가의 손에 맡기는 것이 최선이라는 판단을 내렸단다. 그래서 김재익을 간곡히 설득하여 1980년 9월 대통령비서실 경제수석비서관으로 임명했어.

김재익은 1983년 10월 미얀마 아웅산 테러 사건으로 세상을 떠나기까지 3년이라는 짧은 기간 동안 경제수석비서관으로 일했지만 우리 경제의 새로운 시대를 여는 많은 정책들을 내놓았단다.

한국 경제의 성장과 안정은 낮은 금리와 물가를 유지하는 정책을 기초로 이루어져야 한다고 믿었으므로 안정과 자율, 개방을 중심으로 하는 경

제 정책을 세웠어.

먼저 성장보다는 물가 안정이 가장 중요한 목표가 되었어. 그리고 정부가 모든 것을 결정하고 이끌어나갔던 경제 운용 방식에서 기업들의 자유로운 경쟁을 중시하는 시장 중심 경제로 전환되었지.

뿐만 아니라 다른 나라 기업들이 우리 시장에 진출하는 것을 막아서 국내 산업을 보호하는 정책에서, 경쟁을 통하여 기술력 향상을 높이는 쪽으로 경제 정책의 틀이 바뀌었단다.

정부가 한 자리 숫자의 물가 안정을 내걸었을 때 사람들은 코웃음을 쳤지. 그러나 물가 안정에 온 힘을 쏟은 결과 1982년에는 물가 상승률 5%대를 기록하였어. 1983년에는 1인당 국민소득이 2천 달러를 넘어섰지.

1980년대 중반에는 그동안 적자를 기록했던 자동차, 전자, 철강 등 중화학공업 분야 기업들의 매출액이 엄청나게 늘어났고, 경영 실적이 좋아져서 모두 이익을 내게 되었단다. 새로운 경제 체제로의 전환, 즉 시장 중심의 경제 정책이 이루어지지 않았다면 꿈도 꿀 수 없는 성과였어.

1969년 재무부장관을 시작으로 1982년 국무총리 자리에서 물러날 때까지 우리나라의 경제 정책을 세우고 지휘했던 남덕우 전 국무총리는 많은 할 일을 두고 일찍 세상을 떠났던 김재익 경제수석비서관을 이렇게 표현했어.

'김재익은 역사의 꽃이라 할 수 있다. 꽃은 생명이 짧지만 아름답고 새로운 계절이 오고 있음을 알려 준다. 김재익은 우리 경제의 새로운 시대를 예고한 꽃이었다. 개발 초기 정부 주도의 경제 운영 방식이 한계에 왔음을 절감한 김재익은 민간과 시장 주도의 경제 체제로 이행해야 한다는 신념을 갖고 있었다. 그는 그러한 신념을 정책에 반영하기 위해 무던히 애를 썼다.'

너희들 중에서도 한국 경제사에 영원히 살아 있는 김재익 경제수석비서관 같은 현명한 경제 정책 전문가가 분명히 나올 거라고 믿어.

◇ 국제 경쟁력을 갖추게 된 전자 산업

해외여행을 하다 보면 세계 유명 도시의 공항이나 거리에서 삼성전자나 LG전자의 광고판이 우리를 반겨 줄 때가 있어. 뿐만 아니라 음식점이나 호텔의 텔레비전을 비롯한 가전제품도 우리 기업들이 만든 것이 많은 걸 느끼게 될 거야.

1980년대 세계 전자제품 시장을 주름잡았던 것은 일본 제품이었는데,

▲2008년 베를린 국제가전박람회 삼성전자관　　▲인도의 LG전자 전시관

지금은 한국산 전자제품이 품질이나 가격 면에서 경쟁력이 있어서 세계 어느 나라에서나 눈에 뜨이는 거란다.

우리나라 전자 산업은 1980년대에 들어 이루어진 집중적 투자가 성공을 거둔 덕분에 이 정도의 국제 경쟁력을 지니게 된 거야.

전자 산업의 국제 경쟁력을 높일 방안에 대한 연구는 유난히 춥고 힘들고 어려웠던 시기에 이루어졌어. 나라 밖으로는 1979년의 제2차 석유파동으로 인해 경제가 얼어붙었고, 나라 안으로는 정치적 불안이 짙게 깔렸던 우울하고 힘들었던 1980년 겨울, 정부와 기업, 연구소에서 뽑힌 20명의 연구원들로 '전자 산업 육성 대책을 위한 특별 작업반'이 구성되었어.

이들이 3개월에 걸쳐 만든 보고서에는 가전제품 위주의 전자 산업 구조를 반도체, 전자교환기, 컴퓨터 등 3대 품목 중심으로 바꾸면 우리나라 전자 산업은 3배 이상의 성장이 가능하고, 1986년까지 생산 105억 달러, 수출 70억 달러를 달성할 수 있다는 내용이 담겨 있었단다.

이를 토대로 1981년 전자산업진흥법을 고쳐서 전자제품 생산 환경을 바꾸었어. 새로운 기업이 전자 산업에 진출하는 것에 대한 제한을 풀었고, 기업별로 생산할 수 있는 품목을 제한했던 규제도 없앴으며, 외국 전자 기업과의 기술 협력도 자유로이 할 수 있게 되었지.

전자 산업의 기술력을 세계 시장으로 진출할 수 있는 수준으로 높이겠다는 목표를 달성하려면 온실 같은 환경보다는 치열한 경쟁을 벌여 살아남도록 하는 것이 기술 혁신에 도움이 된다고 판단한 거야.

자유로운 경쟁이 가능해지자 전자 산업에 대한 투자가 비약적으로 이루어졌어. 현대그룹이 새로이 전자업계에 뛰어들어서 1983년 미국 실리콘밸리 내에 모던일렉트로닉 시스템을 설립했고, 경기도 이천에 종합전자공장을 건설하고 컴퓨터 생산을 시작했지.

　대우그룹도 전자 분야의 투자를 늘려 대우전자가 대한전선의 가전사업부를 흡수했고, 대우통신은 대한통신과 오리온전기, 대한콘덴사를 사들여 규모를 키웠지.

　1984년에 이루어진 전자 산업에 대한 투자는 1980년보다 거의 10배나 늘어났어. 가전 분야에서는 컬러 TV, VTR, 전자레인지 등의 생산 시설이 늘어났고, 산업용 전자 분야에서는 전자교환기 및 광전자통신 분야에서 집중적인 개발이 이루어졌지.

　또한 컴퓨터 산업의 브라운관용 유리와 컬러 TV 부품, 자성 재료(녹음용 자기 테이프나 영구 자석 등) 등에 대한 투자도 이루어졌단다.

　기업체들은 자체 연구소를 설립하여 독자적인 기술 연구와 개발에 열을 올렸어. 기업들이 연구개발을 통해 제품의 기능, 성능, 디자인을 발전시키고 대량 생산을 위한 공장 건설에 적극 투자하면서 전자 산업은 대표적인 수출 산업으로 도약할 수 있었지.

◇ 미래를 위한 결단, 반도체 산업 진출

　중화학공업이나 전자 산업은 국가 경제의 미래를 내다보며 정부가 정책적으로 키웠던 산업이었어. 그러나 반도체 산업은 정부가 앞장서서 시작된 것은 아니었어. 이병철 삼성 회장의 미래를 내다보는 눈과 결단력이 없었다면 우리나라의 반도체 산업은 오늘날과 같은 위치를 차지할 수 없었을 거야.

이병철 회장의 경영 철학 중 하나는 '심사숙고하고 과감하게 단행하라.' 는 것이었단다. 이러한 경영 철학은 반도체 사업을 시작하면서 유감없이 발휘되었지.

반도체 사업은 미래를 위해 반드시 해야만 하는 사업이며, 시간과의 싸움이라는 것을 깨닫자마자 삼성그룹 임원들의 반대를 무릅쓰고 사업 진출을 결정했거든.

이병철 회장은 중요한 결정을 내려야 되는 순간마다 일본에 머물며 심사숙고하는 습관이 있었단다. 1983년 1월 실리콘밸리에 파견했던 조사 팀이 만든 보고서에는 앞으로 5년간 시설 투자 4천4백억 원, 연구 개발비 1천억 원을 투자하면 첨단 기억 소자와 마이크로프로세서를 연간 1억 개 이상 생산할 수 있다는 내용이 들어 있었지. 이를 본 이병철 회장은 반도체 산업 진출을 결정하기 위해 일본으로 갔단다.

1983년 2월 7일 밤을 새우며 고민에 고민을 거듭한 뒤에 결국 위험을 감수하기에는 투자 규모가 너무 크지만 첨단 기술 사업이 아니면 자원이 부족한 한국 기업이 국제 경쟁에서 살아남기 힘들다는 판단을 내렸어. 그리고 날이 밝자마자 중앙일보 사장에게 전화를 걸었지.

"반도체 사업을 하기로 결심했소. 이제는 누가 뭐래도 밀고 나갈 것이니 국내외에 이를 알려주시오."

삼성그룹은 메모리 반도체 사업 진출 발표를 하며, 64K D램 기술개발에 착수하겠다는 계획까지 내놓았지. 그러나 미국과 일본 등 당시 반도체 선진국은 물론 국내에서도 무모한 투자라며 싸늘한 반응을 보였어.

일본 미쓰비시 연구소는 '삼성이 반도체 사업에서 성공할 수 없는 5가지 이유'라는 보고서까지 내며 이를 조롱하였단다. 그러나 불과 10개월 후인 1983년 12월, 삼성전자는 국내외의 비웃음을 보란 듯이 씻어내며 64K D램을 자체적으로 개발하여 시험 생산에 성공했어.

삼성전자는 1983년 기흥공장을 건설할 때 시간을 절약하기 위해 공장 설계와 건설을 동시에 진행하는 방법을 택했어. 연구소에서 시설 설계를 하면 이를 바로 건설 현장으로 가져가 공사를 하고, 문제가 생기면 연구원들이 직접 현장을 찾아 문제를 해결했지. 덕분에 1년 반으로 예상했던 생산시설 공사를 6개월 만에 끝낼 수 있어서 생산을 앞당길 수 있었단다.

반도체 핵심 장비인 포토 장비를 들여올 때에도 또 하나의 신화를 만들어 냈어. 광학기계와 정밀기계 장치로 구성된 포토 장비는 진동에 매우 약한데, 포토 장비가 수입되어 한국에 도착하는 날까지도 기흥 톨게이트와 공장 사이의 도로는 비포장이었단다. 포토 장비 운송 팀은 고속도로에서도 시속 30킬로미터로 거북이 운전을 하면서 톨게이트를 빠져나갔어.

이제 공장까지 어떻게 장비를 옮길까 고심하였는데 깜짝 놀랄 일이 기다리고 있었단다. 오전 반나절 동안 톨게이트에서 기흥공장까지 4km 도로를 포장했던 거야.

이런 무서운 집념으로 삼성전자는 시간과의 싸움이라는 반도체 전쟁에서 사업 진출 선언 후 10개월 만에 64K D램 생산에 성공하는 쾌거를 이루었던 거란다.

미국과 일본에 이어 세
계에서 세 번째로 메모리
반도체 생산에 성공한 후
한국산 메모리 반도체는
세계적 경쟁력을 지닌 품
목이 되었어.

현대그룹에서도 현대전
자(현 SK하이닉스)를 세워
1984년 7월 경기도 이천에
반도체 공장을 준공했고,

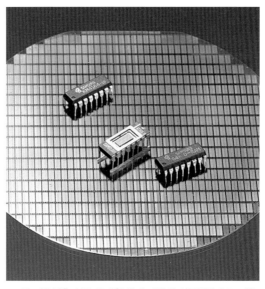
▲반도체 진출 선언 10개월 만에 개발에 성공했던 64K D램

금성사(현 LG전자)도 메모리 반도체 산업에 진출함으로써 한국의 메모리
반도체 산업은 활짝 꽃을 피웠단다.

1985년 11월 금성반도체가 1메가비트 롬 개발에 성공하였고, 1986년 7
월에는 삼성반도체통신이 1M D램 개발에 성공했어. 1988년 2월에는 4M
D램을 개발하여 일본과의 기술 격차를 6개월로 좁혔지.

1990년대 한국은 세계 3대 반도체 강국으로 떠올랐고, 반도체는 1992
년 이후 거의 수출 1위 품목으로 자리매김한 수출 효자 상품이 되었단다.

◈ 흑백에서 컬러 시대로

1980년 12월 1일 오전 10시 30분이 조금 지나자 종로에 있는 전자제품

대리점에서 컬러 TV 방송을 보던 사람들이 감탄사를 터뜨렸어.

"와, 컬러 화면을 보니까 눈이 시원하네."

수출의 날이었던 11월 30일이 일요일이라 12월 1일에 열렸던 제17회 수출의 날 기념식 실황 중계가 한국에서는 처음으로 컬러로 방영되었단다.

당시 컬러 TV가 있는 가정이 거의 없어서 추운 날씨를 무릅쓰고 첫 컬러 TV 방영을 보려는 사람들은 전국의 전자제품 대리점으로 몰려들었어.

그때까지 아시아에서 컬러 TV 방영을 하지 않는 나라는 네팔과 라오스, 한국뿐이었는데, 드디어 한국이 컬러 TV 방영을 시작한 거야.

우리 기술력이 그렇게 형편없었냐고? 아니야. 이미 국내 방송국들은 컬러 TV 방영 기술력을 갖추고 있었고, 전자회사들은 진작부터 컬러 TV를 생산하고 있었단다.

한일 합작 기업인 한국나쇼날(당시는 National을 나쇼날이라고 했음.)은 1974년 컬러 TV를 생산하여 수출도 했어. 뒤이어 금성사(현 LG전자)와 삼성전자, 대한전선 등 다른 전자제품 회사도 컬러 TV를 생산하였지.

그럼에도 불구하고 컬러 TV 방영이 늦어진 이유는 대통령의 허락을 받아내지 못했기 때문이야. 박정희 대통령이 사치 풍조를 조성하고 국민 위화감을 일으킨다는 이유로 컬러 TV 방영을 막았거든.

그런데 어떻게 대통령이 고집을 꺾었느냐고? 당시 한국에서 생산했던 컬러 TV의 90%는 미국으로 수출되고 있었어. 1978년 미국은 한국산 컬러 TV 수입을 줄이려고 시비를 걸었어.

한국이 국내에서 팔지 않는 컬러 TV를 자기 나라에 수출한다고 문제 삼

으며 1979년 한국산 컬러
TV의 수입량을 30만 대로
줄이겠다고 했단다.

▲TV 조립 장면

한국 기업들은 연간 110
만 대의 컬러 TV를 생산할
수 있는데, 30만 대만 수출
할 수 있다는 소식은 전자제
품 회사들에게는 날벼락과 같았지. 그래서 궁지에 몰린 국내 전자 업계를
살리기 위해 1980년 8월부터 국내에서도 컬러 TV를 판매하게 되었어.

하지만 방송이 흑백인데 누가 컬러 TV를 사겠니? 할 수 없이 정부는 컬
러 TV 방송을 허가하기로 한 거야.

우리나라에서 컬러 TV를 팔기 시작한 후 일 년 동안 무려 105만 대가
팔렸다고 하니 얼마나 컬러 TV 인기가 좋았는지 짐작이 되지?

컬러 TV 방송 후 전자제품 시장의 경쟁이 치열해지자 가전제품의 종류가
다양해졌으며 품질이 향상되었어. 또, 색채와 디자인에 대한 사람들의 관심
이 높아져서 의류나 화장품의 종류도 다양해지고 훨씬 화려해졌단다.

◇ 3저 현상과 한국의 눈부신 경제 도약

경제가 성장한다는 뜻은 한 나라의 경제 규모를 나타내는 국내총생산
이 커지는 것이라고 했지? 그럼 경제 성장의 정도를 나타내는 말은 무엇일
까?

지금까지 경제 성장 이야기 속에서 여러 번 나왔는데 곰곰이 생각해 보고 맞추어 보겠니? 그렇지! 바로 경제 성장률이야.

경제 성장률은 올해의 국내총생산이 지난해와 비교하여 늘어난 정도를 계산하여 이를 %로 나타낸 거지. 경제 성장률이 지속적으로 높게 기록되면 나라 전체의 생산량이 빠른 속도로 늘어서 경제 규모가 커지고 있다는 뜻이고, 낮으면 성장 속도가 느리고, 마이너스면 생산량이 오히려 줄어들었다는 뜻이야.

아기들이 쑥쑥 자라듯 경제 규모가 크지 않을 때에는 높은 성장이 가능하지만 나라의 경제 규모가 일정한 수준에 도달하면 성장률이 낮아지는 것이 일반적인 현상이야.

경제개발 초기였던 1960년대에 이어 1970년대까지 높은 경제 성장률을 기록했던 우리나라 경제도 1980년대 초반부터 성장이 느려지기 시작했단다.

그런데 다행히 1986년부터 1988년까지의 3년 동안 우리나라 경제는 경이적인 성장을 하여 후진국에서 중진국으로 도약할 수 있었어. 10%가 넘는 경제 성장률과 3% 미만의 물가 안정, 연 100억 달러를 웃도는 국제수지 흑자 등 일찍이 꿈꿀 수 없었던 일들이 현실로 이루어졌지.

이는 나라 안팎의 경제 환경이 성장과 안정에 유리한 방향으로 바뀌었기 때문에 가능하였어. 1980년대 들어서서 정부가 이끌어나갔던 경제 운용 방식에서 기업들의 자유로운 경쟁을 허용하는 시장 중심의 경제로 방향 전환이 이루어졌다고 했지?

연 100억 달러
국제수지 흑자

경제 성장률
10% 이상

물가 안정

저달러

저유가

저금리

  기업의 자유로운 경제 활동을 보장하고 경쟁을 통한 기술력 향상을 꾀하는 시장 중심의 경제 정책이 효과를 발휘하자 경제가 활력을 찾게 되었단다.

  뿐만 아니라 나라 밖에서는 '저유가, 저금리, 저달러'라는 3저 현상이 나타나 세계 경제 상황이 한국에 아주 유리하게 바뀌었어.

  먼저 저유가, 즉 낮은 원유 가격에 대해 알아보기로 할까?

  석유 수입 국가들은 1970년대 두 차례 석유파동으로 곤혹을 치른 후 에너지 절약 정책과 대체에너지 개발을 적극 추진했지. 그 결과 원유 소비량이 줄어 석유 수출 국가들의 수출량이 감소하자 이들의 결속력이 약해졌단다.

세계에서 가장 많은 원유를 생산했던 사우디아라비아가 생산량을 조정하는 역할을 포기하고 생산을 늘리자 원유 가격은 배럴당 30달러 수준에서 20달러 이하로 내려가게 되었어. 전혀 원유가 생산되지 않아 모두 수입해 사용해야 되는 우리나라의 입장에서는 너무나 신나는 일이었지.

저달러는 달러화의 가치를 낮게 유지하는 걸 말해. 저달러 정책이 왜 한국에 유리한지는 이해하기 쉽지 않으니까 정신 바짝 차리고 들어야 해!

1980년대 중반까지 미국은 정치 경제적으로 세계 제일의 나라라는 사실을 의식하여 달러화 가치를 높게 유지하는 정책을 폈어. 그러나 무역수지 적자가 심각해지자 미국 상품의 수출을 늘리기 위해 달러화 가치를 낮추기로 했어.

예를 들면, 1달러가 1,350원이었다가 1,250원이 된 경우라면 1달러를 바꾸는 데 필요한 원화가 100원 줄었으니까 달러화의 가치는 내려간 거지. 이런 경우 1달러라는 물건 가격은 변함 없어도 원화로는 100원이 저렴해진 셈이니까 미국 상품의 가격 경쟁력은 올라가게 되어 수출이 늘어나게 되지.

미국의 저달러 정책으로 가장 타격을 입은 나라는 일본이었어. 달러당 240엔대였던 환율이 1988년에는 123엔까지 내려갔거든. 예전에는 240엔짜리 물건을 사려면 1달러가 필요했는데 달러화 가치가 낮아져 달러당 엔화의 환율이 123엔이 되자 240엔짜리 물건을 사려면 거의 2달러가 필요해졌어.

엔화 표시 가격은 변하지 않았지만 달러화로 일본 상품을 수입했던 기업의 입장에서는 가격이 엄청나게 오른 셈이지. 그래서 일본산 상품의 가격 경쟁력이 낮아져 일본 기업과 경쟁을 벌였던 우리나라 기업이 덕을 본 거야.

또한 미국은 기업의 투자를 늘리기 위해 금리를 내리는 저금리 정책을 취했어. 이자율, 즉 금리가 내려가면 낮은 금리에 만족하지 못하는 기업들이 저축을 하는 대신 투자를 늘리는 게 일반적인 현상이야. 미국의 저금리 정책 덕분에 외국에서 많은 돈을 빌려 이자를 내고 있었던 우리나라 정부나 기업의 부담이 줄었으니 신나는 일이었지.

이렇게 세계 경제 상황이 우리에게 아주 유리하게 변하자 항상 적자를 기록했던 우리나라의 경상수지는 흑자로 돌아섰고, 한국은 눈부신 경제 도약을 할 수 있었던 거야.

◇ 컴퓨터 산업의 걸음마

아기들은 첫돌쯤 되었을 때 걸음마를 시작하게 돼. 아기들은 걸음마를 하면서 뒤뚱거리다가 넘어지기 일쑤지만, 걸음을 익히기 위해서는 이런 시기를 거쳐야만 한다.

1980년데 초반은 한국 컴퓨터 산업의 걸음마 시기였어. 그래서 아기가 제대로 걷지 못하고 넘어지는 것처럼 지금은 생길 수 없는 어이없는 일도 일어났단다. 한 가지만 예를 들어 볼까?

1984년 4월 22일 잠실학생체육관에서 '제1회 전국퍼스널컴퓨터경진대회'가 열리고 있었어. 3백여 명의 참가자들은 컴퓨터 책상에 앉아 열심히 프로그램을 만드는 작업을 하고 있었단다.

그런데 대회가 시작되고 한 시간이 지났을 때 전원이 갑자기 꺼져 버렸어. 정전으로 갑자기 컴퓨터가 꺼져 버리자 참가자들은 혼비백산했지.

정전 시간은 불과 1분도 되지 않았지만 참가자들이 프로그램을 만들며 미처 저장하지 못했던 작업은 모두 사라져 버렸어. 어린이들은 엉엉 울기 시작했는데, 10분 후 같은 일이 되풀이되었단다.

대회장의 전원이 왜 갑자기 꺼졌을까? 대통령이 역사적인 컴퓨터경진대회 장소를 방문하겠다고 하자 어이없게도 경호원들이 다른 사람에게 알리지 않고 만일의 사태를 대비하여 전원을 끄는 시험을 했던 거야.

1976년을 전후하여 컴퓨터가 수입되기 시작했고, 1983년을 '정보 산업의 해'로 정할 만큼 정보 산업에 대한 관심은 높았지만 사람들의 컴퓨터 운용 지식은 이렇게 예고도 없이 전원을 꺼버릴 만큼 무지한 수준이었단다. 돌발적인 정전 사태에 대비하여 비상 전원을 마련하기는커녕 이런 일이 벌어질 정도였으니 한심하지?

이런 해프닝이 벌어질 정도였지만 이 시기부터 한국의 컴퓨터 산업은 하루가 다르게 발전하였어. 1983년 정부는 컴퓨터 산업을 육성시키고자 정부예산으로 삼보컴퓨터, 삼성전자, 금성사, 한국컴퓨터에서 8비트 교육용 컴퓨터 5천 대를 사서 이를 전국 학교로 보냈지.

이 컴퓨터들은 교육용 기기라기보다는 전자 장난감 수준에 가까운 물건이었단다. 그러나 교육용 컴퓨터의 보급은 국내 컴퓨터업계에 개인용 컴퓨

터 대량 생산에 대한 의욕을
불러일으켰고, 신세대들에게
는 컴퓨터 마인드를 심어 주
는 계기가 되었어.

컴퓨터에 대한 관심이 높
아져 판매가 늘어나면서 컴퓨
터 분야는 정부가 굳이 지원
하지 않아도 기업들의 자발적
투자가 이루어져 급속한 성장
을 하게 되었지.

▲1984년 잠실학생체육관에서 열린
제1회 전국퍼스널컴퓨터경진대회

1984년 국내 최초로 16비트 IBM PC 호환 XT컴퓨터가 개발된 것을 시
작으로 AT컴퓨터에 이어 386컴퓨터 시대로 접어들면서 컴퓨터는 주요 수
출 제품으로 자리 잡게 되었단다.

1987년은 컴퓨터 산업 발전에 또 하나의 중요한 결정이 내려졌던 시기야.
정부가 국내에서 중형 컴퓨터를 개발한다는 계획을 세웠거든. 그때까지는
몇 안 되는 기술 선진국에서만 중형 컴퓨터를 생산하고 있었어. 그리고 우
리나라에서 주로 사용했던 중형 컴퓨터는 대부분 미국 IBM사에서 만든 제
품이었단다.

그런데 IBM을 통해서 국가의 일부 정보가 새어나간 사고가 발생하면서
정부는 '타이콤'이라는 국산 중형 컴퓨터 개발 프로젝트를 실행에 옮기기
로 했던 거야.

이 프로젝트에는 한국전자통신연구원이 중심이 되어 삼성전자, 금성사, 현대전자, 대우통신 등 국내 4대 전자 기업이 합동으로 개발에 참여하였지. '타이콤'은 1994년까지 249대가 만들어져 주요 행정기관에 설치된 후 생산이 중단되었어.

'타이콤'이 완전히 외국산 중형 컴퓨터를 대체하지는 못했지만 이로 인해 중형 컴퓨터 생산 기술이 축적되었고, 컴퓨터 개발 기술자를 기를 수 있게 되었지.

이들이 이후 우리나라 전산 시장에서 컴퓨터 관리와 운영을 담당할 수 있게 되었으니 타이콤 프로젝트는 절반의 성공은 거둔 셈이야.

◇ 역사상 최대 규모의 1987년 노동자 대투쟁

1962년 제1차 경제개발 5개년 계획이 실시된 이후 1980년대 중반 중화학공업화를 성공적으로 이룰 때까지 자원이 부족했던 우리나라가 짧은 기간 동안 급속한 경제 성장을 이룰 수 있었던 비결은 무엇이었을까?

반대에 부딪치면서도 과감하게 성장 정책을 밀고 나갔던 정부의 뚝심과 어려운 여건 속에서도 세계적인 기술력을 갖추려는 기업의 야망이 있었기에 가능했을 거야.

그러나 무엇보다도 큰 역할을 담당했던 사람들은 낮은 임금을 받으면서도 엄격한 상하 관계를 당연하다고 여기며 장시간 묵묵히 일했던 노동자들이었단다. 우리나라 노동자들이 일주일 동안 일하는 시간은 1970년대 52.3시간, 1980년대 53.1시간으로 싱가포르나 대만보다 3~4시간 많았지.

1980년대 후반 들어 우리나라 경제가 비약적으로 발전하여 우리도 이제는 중진국이 되었다는 소리가 자주 들렸어. 그러나 노동자들의 생활은 별로 나아진 것이 없었지.

노동자들은 노동에 대한 대가가 제대로 주어지지 않고 자신들이 착취당했다고 느끼기 시작했단다. 여전히 '공돌이, 공순이' 소리를 들으며 낮은 임금을 받고 긴 시간 일터에서 힘들게 일해야 하는 환경이 바뀌지 않자 노동자들은 자신의 권리는 스스로 찾아야 한다는 생각을 하기 시작했어.

'1987년 노동자 대투쟁'으로 기록되는 역사는 1987년 7월, 대기업의 공장들이 많았던 공업 도시 울산에서 벌어졌던 노동자들의 시위에서 시작되었어.

알고 보면 시위를 벌인 노동자들의 요구는 거창한 것이 아니었단다. 그들의 요구가 무엇이었는지 노동자들이 돌렸던 유인물 '우리의 요구'에 적혀 있던 21개 구호를 통해 알아볼까?

첫째, 머리를 기를 수 있게 해 달라!

둘째, 출퇴근 시간만이라도 사복을 착용하게 해 달라!

그들은 머리를 기르고 자유로운 복장으로 출퇴근을 함으로써 공장 밖에서는 공장 노동자라는 신분을 감추고 싶어 했던 거야.

"안전화 신고 발길질하지 말라!"와 "주머니에 손 넣고 걸을 수 있게 해 달라!"는 요구도 꽤 높은 요구 순위였어.

임금을 올려달라는 요구는 열 번째 정도였던 걸 보면 노동자들은 임금을 올리거나 작업 환경을 개선하는 것보다 사람 대접을 받고 싶다는 외침

을 먼저 전하고 있었던 거야.

이들의 시위는 같은 바람을 가진 모든 노동자들의 공감을 불러일으켰어. 울산에서 시작된 시위는 마산과 창원, 거제를 거쳐 전국으로 확산되었지.

큰 공장에서 작은 공장으로, 나중에는 버스, 택시, 호텔, 병원, 백화점 등 산업 전반에 걸쳐 파업과 농성, 시위가 일어났단다. 노동자들은 임금 인상과 노동 조건 개선을 요구하며 부당한 조건으로 거리낌 없이 일을 시켰던 것에 대해 따지기 시작했고, 자신들의 인격을 존중해 줄 것과 억압적인 직장 분위기를 바꾸어 줄 것을 요구했지.

1987년 7월부터 9월까지 석 달 동안 벌어졌던 파업 건수는 지난 10년간 일어났던 것의 2배, 참가자 수는 지난 10년간 참가자 수의 5배에 달했단다.

온 나라를 뒤흔들었던 노동자들의 투쟁은 9월 말에 들어서야 수그러졌어. 이 기간 동안 전국적으로 엄청나게 많은 노동조합이 만들어져서 1987년 6월 말 약 2,700개였던 노동조합이 1987년 말에는 4,100개를 넘어섰단다.

1987년 11월 바뀐 노동법에 의해 노동자 대투쟁 과정에서 만들어졌던 노동조합들은 합법적인 조직으로 인정을 받게 되었어.

1987년 노동자 대투쟁은 한국에서 발생한 최대 규모의 집단적 저항 운동이었지. 이를 계기로 섬유봉제와 전기전자 산업의 여성 노동자를 중심으로 이루어졌던 노동 운동은 자동차, 조선, 기계공업 등 중화학공업 분야의 대기업 생산직 남성 노동자 중심으로 바뀌게 되었단다.

노동 운동이 활발해지면서 임금이 오르는 폭이 커지자 부담을 느끼는 기업들도 생겼어. 특히 이윤을 많이 내지 못하던 중소기업들은 경영이 악화되어 1990년을 전후로 하여 많은 수가 문을 닫았단다.

생산성 상승률보다 높은 수준의 임금 상승률로 인해 생산 비용이 늘어남으로써 국내에서 생산하는 제품의 국제 경쟁력이 약화되자, 1990년대부터 기업들은 임금이 싼 해외로 공장을 이전하기 시작했지.

국민연금제도와 의료보험제도의 시작

경제개발계획으로 산업화에 성공하게 되자 농촌을 떠나 도시로 삶의 터전을 옮기는 사람들이 늘어났어. 할아버지 할머니부터 손자 손녀까지 한 집에서 사는 대가족 제도가 일반적이었던 농촌에서는 나이가 들거나 병든 가족이 있을 때에는 자연스럽게 다른 가족이 그들을 돌보았어.

그러나 도시로 삶의 터전을 옮김으로써 부모와 자녀들만 농촌을 떠나는 경우가 많아지자 사회는 대가족에서 핵가족 중심으로 변해 갔단다. 이렇게 핵가족 중심의 사회가 되면 나이가 들거나 병든 가족을 다른 가족이 돌보는 일이 힘들어져.

뿐만 아니라 기대 수명의 증가로 인해 노인 인구의 비중이 지속적으로 늘어날 거라고 예상되었어. 이러한 미래의 변화에 대처하지 않으면 앞으로 생길 많은 문제를 감당할 수 없게 되지.

그래서 국가가 국민의 노후 생활을 돌볼 수 있는 제도의 필요성이 커지

게 되었어. 이런 제도를 마련하기 위해 1973년 국민복지연금법이 만들어졌단다.

그러나 1973년 석유파동의 영향으로 경제 상황이 어려워져 필요한 예산을 마련하는 일이 힘들어지자 1974년 1월부터 시행 예정이었던 국민복지연금제도는 무기한 연기되었지.

1980년대 들어서 다행히 나라 안의 경제 사정이 좋아져서 1986년부터 국민복지연금제도를 다시 검토하기 시작했어. 1987년 9월에 기금 운영과 제도 관리 운영을 위해 국민연금공단이 설립되었고, 1988년 1월부터 우선 10명 이상이 일하고 있는 기업을 대상으로 국민연금제도가 실시되었지.

그리고 점차 가입자의 범위를 넓혀 나간 후 1999년 4월에는 모든 국민이 연금 가입 대상자가 되는 전 국민 연금 시대가 열렸단다.

의료보험제도는 병이 났을 때 치료비가 없어서 치료를 늦추거나 포기하거나 엄청난 치료비로 인해 받는 고통을 덜어 주기 위해, 국민들이 평소에 보험료를 내어 기금을 만들었다가 필요할 때 안심하고 의료 서비스를 받을 수 있도록 보험금을 지급해 주는 제도야.

대부분의 나라에서 의료보험제도는 국민연금제도보다 앞서서 실시되었지. 1963년 우리나라에서도 질병의 불안으로부터 국민을 보호하기 위해 의료보험법을 만들었어.

하지만 자금이 마련되어 있지 않아서 실시를 미루다가, 1977년 500명 이상이 일하고 있는 기업을 시작으로 의료보험제도가 실시되었어.

1979년 공무원 및 사립학교 교직원이 새롭게 대상에 추가되는 등 점차

확대되어 2000년부터 모든 국민을 대상으로 하는 국민건강보험제도로 발전하였단다.

의료보험제도는 단순히 질병을 치료하는 의료 서비스만 다루었지만 건강보험제도는 병의 치료뿐 아니라 병을 미리 예방하기 위해 주기적으로 건강 진단을 받거나 병으로 인한 장애를 극복하고 정상 생활을 하기 위한 재활치료까지 다루는 좀 더 적극적인 제도야.

◇ 국민의 절반이 뛰어들었던 주식 투자 열풍

"우리도 소 한 마리만 팔아서 주식 좀 사요. 동식이네가 한 달 전에 소한 마리를 팔아서 산 주식이 지금은 소 두 마리 값이 됐대요."

1988년 서울올림픽이 끝나고 나서부터 영수 어머니는 날마다 영수 아버지에게 소를 팔아서 주식 투자를 하자고 졸랐단다.

"주식이 뭔지나 알고 하는 소리야? 농사꾼이 농사에 신경 써야지. 주식투자한다고 매일 싸돌아다니면 농사는 엉망이 되고 말지."

영수 아버지는 주식이 무엇인지도 모르고 졸라대는 영수 어머니가 철없게 느껴졌고, 영수 어머니는 농사밖에 모르는 영수 아버지가 한심하게 느껴졌어.

도시는 물론 농촌까지 몰아친 주식 투자 열풍은 어떻게 해서 일어나게 되었을까?

한국에서 증권거래소가 문을 연 시기는 1956년으로 거슬러 올라가지만 주식 시장에서 거래되는 주식은 12종류에 불과하여 주식 투자에 관심을 갖는 사람들은 거의 없었단다.

그런데 중화학공업화를 위하여 막대한 자금이 필요하게 되자 정부는 국민투자채권을 발행하여 자금을 마련함과 동시에 기업들이 직접 자금을 조달하는 방안을 연구하였는데, 가장 좋은 아이디어는 주식 시장을 키우는 것이었어.

기업들이 주식을 발행하여 이를 투자자들에게 팔게 되면 정부가 지원해 주지 않더라도 스스로 자금을 마련하는 일이 가능하거든.

정부가 주식 시장을 활성화시키는 일을 적극 지원하자 주식 시장에서 거래되는 주식의 종류는 1972년 66개에서, 1978년 말 356개로 늘어났어. 그래도 사람들은 주식 투자에 대해 별 관심을 갖지 않았지. 그러다가 주식 시장을 '황금 알을 낳는 거위'로 느끼기 시작한 시기는 1985년 가을부터였단다.

주식 시장에서 거래되는 주식 가격의 수준을 알려주는 지표를 주가 지수라고 해. 한국의 종합주가지수(KOSPI: Korea Composite Stock Price Index)의 기준일은 1980년 1월 4일이고 이날의 종합주가지수는 100포인트야.

만약 종합주가지수가 3,000포인트라면 이날 이후 증권거래소에서 거래되는 주식들의 가격 수준이 30배 상승했다는 뜻이야. 1985년 초 139포인트였던 종합주가지수는 그해 가을부터 지속적으로 오르기 시작하더니 1989년 역사상 처음으로 1,000포인트를 넘겼어. 4년이 조금 넘는 기간 동안 무려 7배 넘게 오른 거야.

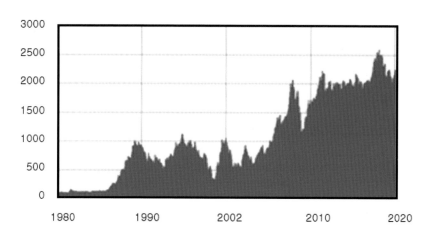

▲종합주가지수(KOSPI)

　어떤 주식에 투자하더라도 대부분 돈을 벌 수 있었고, 주식 투자로 돈을
벌어 신이 났던 사람들은 모이기만 하면 주식 이야기로 꽃을 피웠지.

　주식으로 큰돈을 벌었다는 사람들이 많아지면서 소를 파는 것은 물론
논밭을 팔거나 심지어 빚을 내어 주식을 사는 사람들까지 생겨났어.

　1985년 말 77만여 명이었던 주식 투자자가 1989년 말에는 1,900만 명
을 넘어섰단다. 1989년 말 인구가 4,250만 명이었으니 국민의 약 45%가
주식 투자를 한 셈이야.

　1984년부터 항상 연말의 종합주가지수는 연초보다 높았는데, 1989년에
는 처음으로 연말 종합주가지수가 더 낮아지는 현상이 발생했어. 주가가
내리막길을 걷기 시작하면서 1992년 8월의 종합주가지수는 가장 높았을

때와 비교할 때 반 토막이 되었어.

대박을 꿈꾸며 1,000포인트 근처에서 빚을 내어 주식을 샀던 사람들 대부분은 쪽박을 차게 되었지. 소 잃고, 논밭 잃고, 집까지 날리면서 삶의 의욕까지 잃어버린 사람들이 수도 없이 많았단다.

◇ 기업의 활발한 해외 진출

1981년 여름, 미국 앨라배마 주 테네시 강 계곡 중심부에 위치한 도시 헌츠빌. 한국에서 온 3명의 방문객들이 앨라배마 주 정부 청사에서 산업개발국장과 만나고 있었어.

그들은 주 정부 직원들에게 럭키금성그룹(현 LG그룹) 홍보실에서 제작한 홍보 비디오를 보여 주었지. 30분짜리 홍보 비디오에는 호남정유공장, 반도상사, 금성사 구미공장과 부평공장 등 럭키금성그룹의 모든 것이 담겨 있었단다. 홍보 비디오를 보고 감동을 받은 주 정부 직원은 30분 후 한국 방문객들을 주지사와 만날 수 있게 자리를 마련하였어. 이 자리에서 한국 방문객들은 금성사가 헌츠빌에 공장을 세울 수 있게 해달라고 요청했어.

헌츠빌 공장 설립 계획과 조건을 검토한 주지사는 잠시 망설이다가 결국 요청을 받아들였단다. 그리하여 1981년 9월 금성사는 국내 기업으로는 최초로 해외에 컬러 TV 생산 기지 건립 공사를 착공할 수 있었어.

1982년 10월 공장 준공식이 열렸을 때 이곳에서 만들어진 첫 TV 세트도 선을 보였단다. 한국이 가전제품의 본고장 미국 시장에 도전장을 냈던 역사적인 순간이었지. 감격한 사람들은 아리랑과 애국가를 부르며 눈시울을

붉혔어.

이후 헌츠빌 공장에서는 컬러 TV뿐만 아니라 VCR, 전자레인지, 비디오 테이프 등의 제품도 생산하였지. 금성사에 이어 삼성전자도 1982년에 포르투갈에 현지 생산법인을 설립하고 해외 진출에 나섰어.

우리 기업들이 왜 외국에 진출하여 현지법인을 만들어 사업을 하게 되었을까?

첫째, 무역 장벽을 뛰어넘기 위해서야. 무역 장벽이란 국내 산업을 보호하기 위해 수입품에 비싼 세금을 물리거나 까다로운 조건을 내세워 외국 상품의 수입을 어렵게 하는 걸 말해.

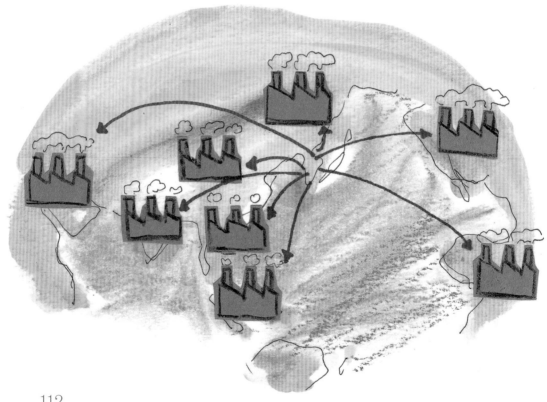

무역 상대국에서 무역 장벽을 높이면 한국에서 만든 물건은 수출하기가 어려워지니까 아예 그 나라에 공장을 세워서 직접 물건을 생산하여 판매하는 방법을 택하는 거란다.

둘째, 생산 비용을 절감하기 위해서이지. 1987년 노동자대투쟁 이후 한국의 임금 상승률이 생산성 상승률보다 높아졌어. 그로 인해 한국 내에서 생산하는 경우 생산 비용이 높아져서 가격 경쟁력이 떨어지자 1990년대부터 임금이 싼 동남아시아나 중국 등으로 공장을 이전하게 된 거야.

셋째, 시장 변화에 빨리 대처할 수 있어서 해외 시장 개척에 유리하기 때문이야. 한국에서 외국 사람들의 반응을 살피는 것보다는 현지에 있으면서 현지 사람들이 어떤 상품을 좋아하는지 정확하게 파악할 수 있어서 그들의 입맛에 맞는 상품을 개발할 수 있게 되거든.

1980년대까지는 주로 대기업들이 상품을 많이 판매할 수 있는 나라에 공장을 세우는 방식의 해외 진출이 이루어졌어. 그러나 1990년대에는 임금이 싼 나라를 찾아서 해외로 진출하는 붐이 일어나 대기업뿐만 아니라 중소기업들도 인건비가 싼 동남아시아로 공장을 이전하였단다.

1980년대 해외에 설립된 우리나라 기업의 현지 법인은 1,200개 정도였으나 1990년대에는 9,300개가 넘었으니까 무려 8배나 늘어난 셈이지.

금성사가 처음으로 해외 공장을 세웠던 앨라배마 주는 2002년 한국 기업과 또다시 큰 인연을 맺게 되었어. 한국 최대 자동차 기업인 현대자동차가 앨라배마 주 몽고메리에 생산 공장을 설립했거든. 현대자동차는 미국에 진출하기 전 이미 튀르키예와 인도에도 공장을 가지고 있었어.

전쟁이 쓸고 간 폐허 속에 변변한 공장이라고는 찾아보기 힘들었던 때를 돌아보면 불과 50년 만에 삼성전자나 현대자동차 같은 세계 100대 기업으로 성장한 글로벌 기업이 생겼다는 것이 놀랍기만 하지?

그러나 얼마 지나지 않아서 기업의 해외 진출에 대해 무조건 박수만 칠 수 없는 상황이 되었어. 기업들이 해외로 공장을 이전하거나 새로운 공장을 세울 곳으로 외국을 택하면서 국내에서는 일자리가 늘어나지 않는 현상이 생겼거든.

그런데 2000년대 후반 중국의 인건비 상승률이 높아지자 중국보다 더 싼 임금을 주어도 되는 다른 나라로 해외 공장을 옮기는 기업들이 생겨났어. 이런 기업들이 다른 나라로 공장을 옮기는 대신 한국으로 돌아오면 국내 일자리가 늘어나잖아.

그래서 2013년에 해외 진출 기업의 국내 복귀 지원에 대한 법률(유턴법)이 만들어졌어. 해외 진출 기업이 한국으로 돌아온다면 공장을 짓고 기계를 살 자금을 지원하거나 일정 기간 세금을 줄여주어서 국내에서 기업을 경영하기에 좋은 환경을 만들어 주기 위해서야.

◇ 88올림픽을 통해 알려진 대한민국의 변신

1981년 9월 30일 현지 시간 오후 2시 국제올림픽위원회(IOC) 위원들이 1988년에 열릴 제24회 하계 올림픽 개최지 선정을 위해 독일의 온천 도시 바덴바덴의 회의실에 모였어.

투표가 이루어지기 전에는 서울보다는 일본의 나고야가 88올림픽 개최지로 선정될 거라는 예측이 우세했지. 그러나 1시간 40분 뒤 사마란치 위원장은 "서울 52, 나고야 27!"이라는 투표 결과를 발표하면서 "서울 코레아!"를 외쳤어.

독일과의 시차 때문에 자정이 넘은 시간이었지만 잠자는 걸 잊고 TV 실황 중계

▲1988년에 열린 제24회 서울올림픽 개회식 행사

를 지켜보던 국민들은 만세를 외치며 환호성을 질렀단다.

1964년 도쿄올림픽 이후 서울이 아시아에서 두 번째 올림픽 개최지로 결정되자 외국에서는 과연 한국이 올림픽을 제대로 치를 수 있을지 우려하는 목소리도 높았어. 하지만 서울시는 공항이나 지하철 같은 교통수단을 점검하고, 선수들이 묵을 숙소와 경기장 등을 건설하며 올림픽 준비에 최선을 다했지. 세계의 정치적 흐름도 한국에 유리한 방향으로 움직였어.

1980년 모스크바올림픽과 1984년 LA올림픽은 자본주의와 사회주의의 대립으로 인하여 반쪽짜리 올림픽이 되었단다. 그러나 '세계는 서울로, 서울은 세계로'라는 슬로건을 내세운 서울올림픽에는 1976년 캐나다 몬트리올올림픽 이래 12년 만에 정치적 대립을 보이지 않고 대부분 국가들이 참가 의사를 밝혔지.

서울올림픽에 참가한 나라는 역사상 가장 많았던 160개국이었고, 1만 3천

명이 넘는 선수들이 한자리에 모였던, 말 그대로 지구촌 스포츠 축제였지.

정지적 성향을 뛰어넘어 모든 국가가 하나가 되었던 서울올림픽을 계기로 1988년부터 동유럽에서는 민주화 바람이 불면서 사회주의 체제가 무너졌어.

올림픽으로 인해 한반도 안에서도 남한과 북한 사이의 화해 분위기가 무르익었고, 1990년대부터 우리 정부의 북한에 대한 정책도 교류를 중시하는 쪽으로 바뀌게 되었단다.

서울올림픽이 우리나라 경제에 끼친 경제적 효과는 엄청났어. 올림픽 준비와 대회 개최로 새로운 일자리들이 생겨났고, 올림픽 기간 중 우리나라를 다녀간 외국 관광객들로부터 벌어들인 돈이나 올림픽 경기를 방영하는 권리를 주고 벌어들인 돈도 굉장하였지.

실제로 벌어들인 돈도 소중했지만 눈에 보이지 않는 이득도 무시할 수 없었어. 88올림픽은 세계적으로 한국의 변신을 알릴 수 있었던 첫 국제 행사였거든.

올림픽 개최 전에 외국 사람들은 대부분 한국을 같은 민족이 두 개의 나라로 갈라져서 벌인 전쟁으로 폐허가 되었던 아시아의 한쪽 끝에 자리 잡은 가난한 나라라고 생각했어.

그런데 올림픽 개최는 대한민국의 달라진 위상을 알릴 수 있는 절호의 기회가 되었단다. 실제로 올림픽 이후 'Made in Korea'에 대한 인식이 달라졌으니 돈으로 환산할 수 없는 엄청난 홍보 효과를 거둔 셈이야. 또한 올림픽을 치른 경기장 시설과 운영 능력 등은 세계화를 위한 발판이 되었단다.

1980년대에 들어서 정부의 경제 정책이 기업들의 자유로운 경쟁을 중시하게 되었고, 국내 산업 보호보다는 경쟁을 통한 기술력 향상을 꾀하는 쪽으로 정책의 틀이 바뀌었다고 했지?

아무리 좋은 정책이라도 처음에는 새로운 환경에 대한 적응 시간이 필요해서 잠시 경제가 주춤거렸어. 제2차 석유파동의 여파가 가시지 않아 세계 경제도 침체되었으므로 한국 경제도 예전과 같은 속도로 성장할 수 없었어.

하지만 위기를 무사히 넘긴 우리나라는 1986년부터 단군 이래 최대 호황이라는 말이 나올 정도로 경제 사정이 좋아졌단다.

보통 경제 성장률이 높으면 물가 상승률도 높은 것이 일반적인 현상이지만 다행히 소비자 물가 상승률은 한 자리 숫자로 떨어졌어. '저유가, 저금리, 저달러'라는 3저 현상이 나타나 세계 경제 상황이 한국에 아주 유리하게 바뀌었거든.

그러나 전국적으로 부동산 가격이 무섭게 뛰기 시작하였는데 특히 도시의 주택 가격이 20% 이상 뛰어서 집 없는 서민들은 앞날에 대한 불안감을 감출 수 없었단다. 왜 이렇게 부동산 가격이 폭등하게 되었을까?

시장에서 팔리는 사과의 양은 늘어나지 않는데, 갑자기 이를 사려는 사람들이 많아진다면 사과의 값은 올라가게 돼. 마찬가지로 집을 필요로 하는 사람들은 늘어나는데 새로 지어지는 집의 수량이 이를 따라잡지 못했기

117

때문에 부동산 가격이 폭등하게 된 거란다.

집을 필요로 하는 사람들이 늘어난 특별한 이유가 있느냐고? 산업화가 이루어지면서 농촌에서 도시로 일자리를 찾아 이사 오는 사람들이 증가하며 대가족제도에서 핵가족제도로 변화했다고 했지?

▲1989년 3월 30일 도시 영세민 영구임대주택건설 기공식

할아버지 할머니는 농촌에서 그냥 살고, 다른 가족들은 도시로 이사하면서 새로운 가구가 생겨났어. 뿐만 아니라 6.25전쟁 이후 1955년부터 1963년까지 베이비 붐이라고 할 정도로 아기들이 많이 태어났는데 이들 세대가 결혼을 하여 새로운 가정을 이루게 되었지. 그 때문에 집을 필요로 하는 사람들이 엄청나게 늘어난 거야.

집값을 안정시킬 수 있는 가장 현실적인 방법은 사람들이 필요로 하는 만큼 집을 지어 공급하는 것이었어. 그래서 정부에서는 1988년 서민을 위한 영구임대주택 25만 가구를 포함해 주택 200만 호를 짓고, 분당, 일산, 평촌, 산본, 중동 등 서울에서 가까운 수도권에 새로운 도시를 건설한다는 계획을 발표했단다.

영구임대주택이란 공기업이 지은 후 생활이 어렵거나 국가에 공을 세운 사람들이 계속 빌려서 살 수 있는 집이야. 주택 200만 호라는 숫자는 당시 서울 시내 전체 주택 수와 맞먹을 정도였으므로 5년 동안 주택 200만 호를 공급한다는 것은 엄청난 뉴스였지.

주택 건설 붐이 일어나면서 1989년 46만 호, 1990년에는 75만 호의 새 집이 건설되었단다. 수많은 집을 한꺼번에 짓다 보니 콘크리트를 만드는 데 필요한 시멘트와 모래가 부족하여 외국에서 수입해 올 정도였지.

결국 4년 조금 더 되는 기간 동안 주택 200만 호 건설 목표를 달성할 수 있었어. 우리나라 총 주택의 1/3이 이 시기에 만들어졌으니 나라 전체가 거대한 공사 현장이었다고 할 수 있지.

주택 200만 호가 건설이 되는 동안에도 집값은 계속 올라갔지만, 강력한 주택 공급 정책이 성공적으로 마무리되자 1992년부터 집값의 오름세는

멈추었어. 또, 1992년에 주택 200만 호 건설의 주요 사업 중 하나였던 일산과 분당 신도시에 세워진 아파트에도 입주가 시작되었지.

◇ 제5·6차 경제사회발전 5개년 계획(1982~1991년)

1979년 박정희 대통령이 사망한 후 최규하 대통령을 거쳐 전두환 대통령으로 정권은 바뀌었지만 1962년부터 시작되었던 경제개발을 위한 계획은 계속 실행되었어.

그러나 '경제개발'이라는 말이 5차 계획부터는 '경제사회발전'으로 바뀌면서 계획의 성격도 많이 바뀌었단다. 경제개발계획에 의해서 생산 수준이 빠른 속도로 향상되어 경제 규모는 커졌지만 경제 성장에만 치중하다 보니 여러 부작용도 무시할 수 없을 정도로 커졌으므로 경제와 더불어 사회 발전에도 중점을 둔다는 의도였지.

그리고 정부의 역할이 크게 느껴지는 '개발'을 대신하여, 시장의 자유로운 경제 활동을 통해 경제 진보를 꾀한다는 의미에서 '발전'이라는 말을 쓰기로 한 거야.

제5차 경제사회발전 5개년 계획의 기본 이념은 안정, 능률, 균형으로 지금까지 중요시되던 성장이 빠졌어. 성장 대신 안정을 우선으로 하는 정책으로 바뀌었고, 경제의 자율성과 개방성을 높여서 자유로운 경쟁이 이루어지는 시장 중심의 경제를 중시하였지.

경제 성장의 혜택이 제대로 돌아가지 못했던 계층과 지역에 대한 투자를 늘려서 국가 전체의 균형 발전과 안정을 꾀하기로 했어.

경제 성장과 경제 발전의 차이점이 무엇이냐고? 같은 뜻으로 사용될 때도 있지만 정확하게 말하면 경제 발전이 경제 성장보다 더 많은 의미를 포함해. 경제 성장에 따른 소득이 공평하게 나누어지고 국민들이 골고루 잘 살게 되었을 때 경제 발전이 이루어졌다고 해.

잘사는 사람과 못사는 사람들 사이의 소득 차이가 점점 늘어나 갈등이 커지게 되고, 환경오염이나 파괴 등은 아랑곳하지 않고 돈벌이를 위해서라면 무엇이든 해도 괜찮다는 자세는 경제 성장만 중요시할 때 생겨나는 문제점들이야. 이런 문제를 극복하고 함께 행복한 사회를 만들려는 노력이 없다면 경제 발전은 이루기 힘들지.

그러나 성장이나 발전에 기여한 사람들의 공이나 노력을 인정해 주지 않고 무조건 똑같이 나누어야 한다고 주장하는 것도 바람직한 일은 아니야. 노력에 대한 보상이 주어지지 않는 사회에서는 열심히 일할 의욕을 잃게 되어 경제 성장이나 발전이 계속될 수 없거든.

제5차 경제사회발전 5개년 계획 기간은 국내뿐만 아니라 해외 분위기도 어수선했지만 연평균 8%가 넘는 양호한 경제 성장을 이루었단다. 1970년대 대규모로 이루어졌던 중화학공업에 대한 투자가 빛을 발해서 자동차, 전자, 철강 분야의 산업이 크게 성장했기 때문이었지.

제6차 경제사회발전 5개년 계획이 시작되었던 1987년은 국민들의 민주화에 대한 열망이 높아진 시기였어. 1987년 6월 29일 민주정의당의 노태우 대통령 후보가 국민들의 민주화와 대통령 직접선거를 위한 헌법 개정 요구를 받아들이겠다는 '6.29 민주화 선언'을 발표하여 모두들 정치 분위기가 달라질 거라고 기대하였거든.

1987년 대통령 직접선거를 통하여 들어선 제6공화국 정부는 6차 계획의 기본 목표를 능률과 형평으로 정했고, 일자리를 늘리고 물가를 안정시키는 정책을 지속적으로 밀고 나갔지.

제6차 계획 기간 중에는 '저유가, 저금리, 저달러'라는 3저 현상으로 시장 여건이 좋아져서 연평균 8% 이상의 경제 성장을 이루었단다.

경제 활동 수준을 뜻하는 경기에 영향을 미치는 요인은 크게 국내 소비와 수출로 나누어져. 1991년에는 1인당 국민소득이 7천 달러를 넘어설 정도로 소득 수준이 높아져서 국내 소비도 늘어났단다.

그래서 1980년대까지는 수출이 경기에 절대적 영향을 미쳤지만 1990년

대에 들어서서는 국내 소비도 경기에 영향을 미치게 되었어. 경기란 경제 활동의 상태를 뜻하는 말이야. 경기가 좋으면 호황이라고 하고, 나쁘면 불황이라고 하지.

1980년대 후반 한국 경제는 장밋빛으로만 보였지만 1990년대에 들어서서는 순탄하게 나아가지 못했단다. 1990년부터 수출보다 수입이 늘어나고 다시 경상수지가 적자로 돌아서는 등 경제에 문제가 생기기 시작했어. 이는 3저 현상이 사라지면서 세계 경제 상황이 우리에게 불리하게 변한 것이 직접적인 원인이었지.

그러나 국내의 경제 상황들도 변해서 우리나라 경제 자체에 문제가 생겼기 때문이기도 해.

어떤 요인들이 우리나라 경제의 문제로 나타났는지 살펴보기로 하자.

첫째, 1980년대 후반보터 생산성 향상을 앞지르는 높은 임금 인상이 이루어져서 기업들의 국제 경쟁력이 낮아졌단다.

둘째, 모든 국민이 경제 성장의 혜택을 골고루 받지 못하여 빈부의 격차가 점점 커지게 되었고, 이로 인해 사회적 갈등이 커졌어.

셋째, 1980년대 시작된 자유화와 대중화의 바람으로 열심히 일하고 알뜰하게 살았던 생활 풍조가 바뀌기 시작했지.

그러나 정부와 기업, 국민들 모두 지난 30년간의 경제적인 성과에 도취되어 앞으로도 잘될 거라고 안일하게 대처했단다. 이런 문제를 해결하는 데 대한 적극적 노력은 이루어지지 않아 시간이 지나도 특별한 대책이 나오지 않았고, 우리나라의 경제 발전은 서서히 둔화되기 시작했어.

이야기 1
집 한 채 가격이었던 백색전화

많은 초등학생들이 자기 소유의 휴대전화를 가지고 있는 지금은 낯설게 느껴질 수도 있지만 1970년대 말까지 전화는 아주 귀한 물건이었단다. 1970년에 전국의 전화는 50만 대 정도였고, 1975년에는 배가 늘어서 100만 대에 달했지만, 전화를 설치하려는 수요는 항상 공급을 앞질렀어.

전화국에 전화 설치를 신청한 후 마냥 기다려야만 했으므로, 전화가 꼭 필요한 기업이나 가정에서는 전화 가입권을 사거나 빌려서 사용했단다. 전화를 빌려주고 월세를 받는 전

화상들이 서울에만 무려 6백 개가 있었을 정도였으니, 전화 사정이 어떠했는지 짐작이
가지?

1970년대 자장면 한 그릇이 150원가량이었는데, 전화상에서는 전화 한 대를 보증금
5~10만 원에 월세 2~3만 원을 받고 빌려주었어. 전화 가입권 가격이 서울 시내에서 잘
산다는 동네의 집 한 채 가격이었던 때도 있었단다.

도대체 전화 가입권이 왜 그렇게 비쌌던 걸까?

전에는 전화 가입권을 사거나 빌릴 수 있었지만 1969년 7월 이후 개설된 전화 가입권은
사고팔 수 없게 하는 법을 만들었기 때문이야. 전화 가입권이 신청한 순서대로 주어지지
않고, 힘 있는 사람들이 먼저 차지하여 집이나 땅처럼 거래하는 일을 막기 위해서였지.

사람들은 사고파는 거래가 금지된 전화는 '청색전화', 이전에 개설되어 자유로이 거래되
는 전화는 '백색전화'라고 불렀어.

전화기 색깔이 청색과 백색이었느냐고?

그게 아니라, 전신 전화 우편을 담당하는 정부 부처였던 체신부에서 가입 전화를 관리하
기 위해 만들어 사용했던 장부 색깔이 청색과 백색이었기 때문이야.

청색전화제도 실시 이후 백색전화 가격은 더욱 상승하였어. 전화 수요는 계속 늘어나는
데 거래될 수 있는 전화의 공급은 중단되었으니까 백색전화 가격이 오르는 건 당연했지.
그래서 전화 한 대 가격이 집 한 채 가격까지 오르는 일이 벌어졌던 거야.

하지만 88올림픽을 앞두고 통신 시설이 급속히 발달하여, 전화를 신청하면 다음날 설치
해 줄 정도로 사정이 좋아지자 전화 가입권 거래는 사라지게 되었단다.

엄청난 돈을 주고 전화 가입권을 샀던 사람들은 속이 무척 쓰렸겠지?

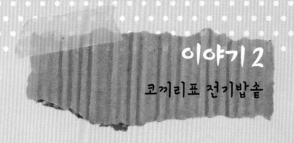

이야기 2
코끼리표 전기밥솥

1980년대 중반까지 일본제 코끼리표 전기밥솥은 우리나라 모든 주부들에게 선망의 대상이었단다. 코끼리표 전기밥솥만 있으면 하루 한 번만 밥을 지어도 되니까 끼니 때마다 밥을 해야 되는 번거로움에서 벗어날 수 있었거든.

하지만 돈이 있다고 이를 마음대로 살 수 있는 게 아니었어. 당시에는 무역수지 적자를 줄이기 위해 꼭 필요한 물건이 아니면 수입이 금지되어 있었는데 전기밥솥도 수입 금지 품목이었거든.

해외여행도 자유롭지 않았던 시절이라 일본으로 여행을 가서 전기밥솥을 사 올 수도 없었단다. 그래서 가까운 친지나 친구가 일본 출장을 간다는 걸 알게 되면 염치 불구하고 코끼리표 전기밥솥을 사다 줄 것을 부탁했으므로 일본에서 오는 한국 사람들은 모두 밥솥을 가지고 들어왔어.

한국에서는 전기밥솥을 만들지 못했느냐고?

일제 밥솥을 흉내 낸 밥솥이 생산되기는 했어. 그러나 바닥이 새까맣게 될 정도로 밥이 쉽게 타고, 보온을 하면 금방 밥 색깔이 변하고, 냄새가 나는 등 성능이 좋지 않아 주부들이 만족할 만한 품질이 아니었단다.

우리나라 주부들의 코끼리표 전기밥솥 사랑은 일본에서도 화제가 되었어. 1983년 일본 신문에 '한국 아줌마들 덕분에 일본 상품의 매출이 늘어난다.'라는 기사가 실릴 정도였지.

이 기사가 한국에 알려지게 되자 대통령은 밥솥 하나 제대로 만들지 못하는 한국의 전자제품 기술을 질책하며 6개월 내에 제대로 된 전기밥솥을 만들어 내라고 불호령을 내렸단다.

덕분에 성능 좋은 전기밥솥을 만들기 위해 밤낮을 가리지 않고 연구가 이루어져 주부들이 굳이 코끼리표 전기밥솥을 고집하지 않을 정도로 한국산 전기밥솥도 제법 쓸 만해졌어.

지금은 어느 나라 사람이든지 즐겨 사용하는 전자제품을 만드는 우리의 전자 산업 기술이 40년 전에는 이 정도였다니 뜻밖이지?

4장

경제 위기를 넘기고
선진국으로 도약

지원이의 오늘 숙제는 '1997년 한국 경제 위기와 IMF에 대해 조사하는 것이었어. 그런데 친구들과 축구를 하느라 집에 늦게 와서 저녁 식사 후에 책상 앞에 앉았지.

운동을 너무 지나치게 했는지 졸음이 쏟아져 글자가 눈에 들어오지 않는 거야. 이럴 때 지원이는 아버지에게 SOS를 친단다.

"아빠, IMF에 대한 숙제 좀 도와주실 수 있어요?"

"뭐라고? IMF? 난 IMF 소리만 들어도 머리가 아파. 그 숙제는 혼자서 해결해라."

"왜 머리가 아파요? 도와주기 싫으니까 핑계 대는 거 아니에요?"

"말도 마라. 입사 시험 합격 통지 받고 출근 날만 기다리는데 갑자기 일하러 나오지 말라는 거야. 기가 막혀서. IMF 때문에 회사 사정이 어려워져 신입 사원을 뽑지 않기로 했대. 그래서 일 년간 다시 취직하려고 이리 뛰고 저리 뛰던 생각만 하면 머리가 아프다. IMF 이후로는 경제가 어렵다는 말만 들리고 신나는 소식이 들리지 않았어. 나라가 겉보기에는 번듯해졌는데, 속으로는 모두들 우는 소리만 하지. 아이고, 갑자기 또 골이 지끈거리네."

지원이는 도대체 무슨 말씀을 하시는 건지 이해가 되지 않았어. 숙제를 하다 보면 이해가 될까?

◇ 신경제 5개년 계획에 담았던 개혁 정신

1962년 경제개발 계획을 시작하면서 정부는 10년 안에 경제 규모를 2배로 키우기 위해 매년 7.1%의 경제 성장을 이루어야겠다는 목표를 세웠지.

어린이들에게 어려운 내용이 담긴 책을 주면서 혼자서 읽어 보고 무슨 내용인지 이해하라는 것과 누군가 옆에서 차근차근 챙기며 가르쳐 주는 것 중에서 어떤 방법이 더 효율적일까? 다른 사람의 도움을 받는 것이 내용을 이해하는 데 훨씬 수월할 거야.

경제개발 초기의 한국 기업도 마찬가지였어. 경제나 기업 경영에 대해 지식이나 경험이 별로 없고 자원도 부족했던 시절이라 모든 것을 민간 기업에 맡기기보다는 정부가 앞장서서 세세한 부분까지 목표를 정하고 달성 방법을 제시하면서 경제를 이끌고 나가는 것이 훨씬 효율적이었지. 이런 정책이 힘을 발휘하여 한국 경제는 목표를 무난히 달성할 수 있었어.

그러나 기본적인 지식이 있고 스스로 분석하는 능력을 가진 사람이라면 스스로 할 수 있는 분위기를 만들어 주는 것이 더 효율적일 수 있듯이 경제 활동에 참여하는 기업이나 개인들이 자유로운 경쟁을 하도록 정부의 역할을 줄이는 것이 더 효율적인 때도 있단다.

이런 관점에서 정부에 의해 주도되었던 경제 성장 정책은 1988년 전환점을 맞이하게 되었어. 그런데 이러한 변화의 시기에는 잠시 동안 더욱 혼란스러워지기도 해.

모든 일을 어른들의 지시에 따랐는데 이제는 혼자서 판단할 만큼 자

랐으니 모두 알아서 처리하라고 하면 어떤 일이 벌어질까? 무엇을 어찌할
지 몰라 당황해하다가 잘못된 판단을 내릴 수도 있을 거야.

경제 정책이 변화하면서 우리도 혼란을 겪었단다. 그동안 묵묵히 일했던
노동자들은 참았던 불만을 쏟아 내면서 자신들의 권리를 주장하기 시작했지.

그래서 임금이 급격하게 올라갔고, 임금이 오르는 폭이 생산이 향상되
는 폭보다 커서 이윤이 작아지자 기업은 투자를 늘리지 않았어. 투자를 하
더라도 국내가 아닌 해외에 공장을 짓는 쪽을 택했단다. 서로의 이익을 위
해 대립하는 일이 잦아지면서 기업가와 노동자, 잘사는 사람과 못사는 사
람들 사이에 갈등도 심해졌어.

나라 안에서뿐만 아니라 나라 밖에서도 문제가 생겼단다. 그동안 우리를 경쟁자로 보지 않았던 나라들이 한국을 대하는 태도가 달라졌어. 이제 경제도 성장했고 수출도 많이 늘어났으니까 정부가 국내 기업이나 시장을 보호하는 정책을 펴지 말고 세계적인 흐름에 맞추어 시장을 개방하라고 압력을 주었지.

나라 안팎의 사정이 불리하게 돌아가면서 우리나라 경제는 1990년대에 들어 여러 문제가 드러나게 되었어. 전체 산업에서 제조업이 차지하는 비중이 낮아졌고, 중소기업들이 경영난을 견디지 못하고 문을 닫는 일이 늘어났으며, 기업의 새로운 투자가 줄어드는 현상이 발생한 거야.

이런 분위기에서 탄생한 문민 정부는 1993년 7월 2일, 제7차 경제사회 발전 5개년 계획을 발표했어. 이전의 경제개발 계획의 내용과 성격을 달리하는 새로운 경제 정책이라는 점을 강조하기 위해 신경제 5개년 계획이라고 했단다.

'신경제'란 모든 국민의 참여와 창의를 경제 발전의 새로운 원동력으로 한다는 뜻이 담긴 말이야. 공정한 경쟁을 위해 기업의 자유로운 활동을 방해하는 여러 제한을 없애고, 경제 활동에 대한 기여도에 따라 정당한 보상을 받을 수 있는 경제 환경을 만든다는 것이 근본 취지였어.

그래서 국민의 세금 부담을 줄이고, 나라 살림을 하는 데 있어서 낭비를 줄이면서도 필요한 사업은 반드시 하는 '작지만 강력한 정부'를 실천에 옮기는 일이 추진되었어.

그동안 크고 작은 어려움이 없었던 것은 아니었지만 비교적 순조로운 경제 성장을 체험했던 사람들은 정치 민주화와 함께 경제도 별 무리 없이 선진국 수준으로 도약할 거라는 장밋빛 꿈을 꾸었지.

그러나 정확한 상황 판단과 치밀한 계획 없이 의욕만을 앞세웠던 계획은 뜻대로 이루어지지 않았어. 공부할 내용을 달달 외워서 네 개의 답 중 하나를 고르는 문제에 맞추어 공부한 학생들에게 글을 읽고 자신의 생각을 쓰라는 문제를 내주면 답 쓰기를 난감해하듯이 우리나라 경제도 마찬가지였단다.

정부가 짠 틀 안에서 경제 활동을 하는 일에 익숙해져서 해야 할 일과 하지 말아야 할 일에 대한 판단 능력을 갖추지 못한 상태에서 규제를 푸는 것은 약이 아니라 오히려 독이 되었어.

외국 상품을 사 오는 수입에 대한 제한을 자유롭게 하자 돈을 벌 수 있는 상품이면 무엇이든 수입하여 매년 무역수지 적자가 400억 달러에 달했어.

금융에 대한 규제도 대폭 풀려서 외국에서 돈 빌리는 일이 쉬워지자 외국에 진 빚이 급격하게 늘어나기 시작했지. 그럼에도 불구하고 1995년 '국민소득 1만 달러와 수출 1,000억 달러 돌파'라는 역사적인 기록을 수립했어. 이런 숫자가 보여 주는 기록에만 도취되어 안일하게 대처하고 있는 동안 우리나라 경제는 서서히 병이 들어가고 있었단다.

◇ 검은 돈 거래를 막기 위한 금융실명제 실시

혹시 검은 돈이라는 말을 들어 봤니?

범죄나 마약과 관련된 돈, 기업이 불법적으로 모은 돈, 또는 뇌물로 받은 돈 등 비정상적인 거래와 관련된 돈을 검은 돈이라고 해. 이런 돈을 깨끗한 돈으로 위장하는 것을 돈 세탁이라고 하지.

이 말은 1920년대 미국에서 조직 범죄자들이 도박이나 불법으로 술을 팔아서 번 돈, 즉 검은 돈을 합법적으로 번 깨끗한 돈처럼 보이게 하기 위해 주로 세탁소를 이용하였던 것에서 유래했어.

돈을 세탁기에 넣고 돌렸냐고? 그게 아니라 검은 돈이 어떻게 마련되었는지 알 수 없도록 다른 계좌로 여러 번 복잡하게 옮기거나 현금으로 찾기도 해서 그 돈이 어디에서 나왔는지 추적을 못 하게 하는데 이때 세탁소가 중간 역할을 했다는 뜻이야.

검은 돈은 정상적인 경제 질서를 어지럽히고, 범죄와 관련이 있으므로 세계 모든 나라가 이를 뿌리 뽑으려고 노력하고 있어.

2001년 미국에서 벌어졌던 9.11 테러 사건 이후 모든 나라에서 돈 세탁에 대한 감시가 심해졌는데, 우리나라에서는 그보다 훨씬 전에 이미 검은 돈의 거래를 막고, 금융 질서를 바로잡기 위해 금융실명제 실시를 발표했단다.

1993년 8월 12일 김영삼 대통령은 비장한 표정으로 담화문 발표에 나섰어.

"저는 이 순간 엄숙한 마음으로 헌법에 의거하여 '금융 실명 거래 및 비밀 보장에 관한 대통령 긴급 재정 경제 명령'을 발표합니다. 친애하는 국민 여러분! 이 시간 이후의 모든 금융 거래는 실명으로만 이루어집니다. 금융실명제가 실시되지 않고는 이 땅의 부정 부패를 원천적으로 봉쇄할 수가 없습니다."

이 발표에 의해 금융 기관과의 모든 거래는 실명, 즉 실제 이름으로만 가능하게 되었고, 다른 사람의 이름이나 가짜 이름, 별명으로는 할 수 없게 되었지. 금융실명제가 발표되면서 정부는 8월 12일 오후 8시부터 다음 날 오전까지 모든 금융 거래를 중지시켰어.

금융실명제는 왜 이렇게 007 작전처럼 실시되었을까? 경제개발 계획이 실행에 들어가기 전이었던 1961년, 정부는 경제개발에 필요한 자금을 최대한 확보하기 위해 가짜 이름으로도 예금을 할 수 있도록 했어.

그러자 금융 기관에 돈을 맡기고 받는 이자 소득에 대한 세금을 줄이거나 검은 돈을 숨기고 싶은 사람들은 실제 이름으로 거래를 하지 않게 되었지.

경제개발 초기에는 절박하게 자금을 마련해야 되었으니까 정상이 아닌

금융 실명제 실시

앗!
이제 내 이름으로만 통장을
만들 수 있다니 큰일이네!

거래를 눈감아 주었어. 그러나 경제 선
진화를 위해서 모든 금융 거래가 투명
하게 이루어져야 할 필요가 있었어.

그래서 1982년부터 꾸준히 금융실
명제를 실시해야 된다는 말들이 오고
갔지만 경제 혼란을 걱정하며 반대하
는 목소리도 높아서 실행에 옮기지 못
했단다.

김영삼 대통령은 11년이 지나도록
지지부진했던 금융실명제를 반드시 실
행에 옮겨야겠다고 결심했어. 이를 위
해 법을 개정하려고 준비에 들어가면
실제 이름으로 거래하지 않았던 예금
들이 한꺼번에 금융 기관을 빠져나가
장롱이나 개인 금고 속으로 숨어 버려
서 경제 활동에 큰 혼란이 생길 거라고
판단했단다.

▲1993년 8월 2일 금융기관 영업시간 후에
이루어진 대통령 금융실명제 특별 담화 발표

▲금융실명제 실시로 은행창구에서
신분증을 제시하는 고객

그래서 철저하게 보안을 유지하며
준비 작업을 마치고 긴급 명령이라는 방법을 통해 깜짝 발표를 했던 거야.

금융실명제 실시로 다른 사람의 이름으로 예금을 할 수 없게 되자 재산
이나 소득을 숨기는 일이 어렵게 되어 세금을 훨씬 공평하게 걷을 수 있게

되었어.

또한 정치 자금을 불법으로 마련하는 일이 어려워져 돈 안 드는 선거 풍토가 시작되었지. 기업들도 비밀리에 사용할 돈을 마련하는 일이 어려워져 돈을 주고 청탁을 하여 시장을 얻으려는 대신 기술 혁신을 이루어 경쟁력을 높이려는 기업 문화도 싹트기 시작했단다.

◇ 국민소득 1만 달러와 수출 1천억 달러 달성

1995년 한국은 '1인당 국민소득(GNI: Gross National Income) 1만 달러 달성' 역사를 쓰게 되었어. 1962년 제1차 경제개발 5개년 계획에 의해 산업화가 시작된 이후 33년 만에 이루어진 일이야.

영국은 18세기 후반 산업혁명 이후 200년이 넘는 시간이 지난 후인 1987년에 1만 달러를 달성했어. 19세기 중반에 산업화가 시작되었던 미국은 1978년에 1만 달러를 달성하였으므로 120년이 넘게 걸렸지.

일본은 1867년 메이지 유신에 의해 산업화가 시작한 이래 114년이 지난 1981년에 1만 달러 국가가 되었어. 산업화가 시작된 시기가 다르므로 이런 비교는 무의미하다고 볼 수 있어.

하지만 한국은 현재까지 산업화 이후 가장 빠른 시간 안에 1인당 국민소득 1만 달러를 기록한 나라라는 기록을 가지고 있단다.

이런 빠른 속도의 성장은 비약적으로 늘어난 수출 덕분이었어. 한국의 수출은 1962년 4천만 달러를 겨우 넘겼지만 1인당 국민소득이 1만 달러를 넘어선 1995년 10월에 1천억 달러를 넘었고, 연말에는 1,250억 달러를 돌파하여 무려 3천 배가 넘게 증가하였지.

비약적 수출 증가는 1970년대에 추진되었던 중화학공업화 정책 덕분이란다. 철강, 자동차, 조선, 석유화학 산업이 빠른 속도로 발전하였으므로 1980년대부터 산업과 수출 구조가 부가가치가 높은 중화학공업 위주로 바뀌었거든.

1970년 총 수출 8억 35백만 달러 중 수출 품목 1위인 섬유류가 차지하는 비중은 약 41%였고, 다음 순위는 합판(11.0%), 가발(10.8%), 철광석(5.9%), 전자제품(3.5%) 등이었어. 그런데 중화학공업이 자리를 잡게 되자 꾸준히 부가가치가 높은 중화학공업 품목의 수출이 늘어나게 되었단다.

수출 1천억 달러를 처음으로 돌파했던 1995년의 수출 품목을 보면 반도체, 정보통신기기, 승용차, 가전제품, 선박 등 중화학공업 제품이 차지하는 비율이 월등이 높아졌음을 알 수 있어.

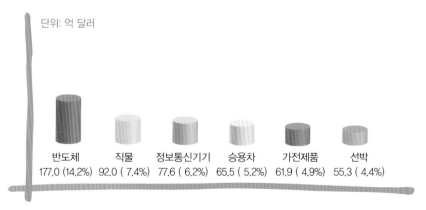

1995년 주요 수출 품목 (자료: 관세청)

단위: 억 달러

반도체	직물	정보통신기기	승용차	가전제품	선박
177.0 (14.2%)	92.0 (7.4%)	77.6 (6.2%)	65.5 (5.2%)	61.9 (4.9%)	55.3 (4.4%)

수출품목뿐만 아니라 수출 시장에도 변화가 생겼지. 1990년 이전에는 우리의 가장 중요한 수출 시장은 미국과 일본이었어. 그러나 1992년 중국과 국교를 맺은 후에는 미국과 일본에 대한 수출 비중이 낮아진 대신 중국의 비중이 높아졌어.

꾸준한 경제 성장으로 구매력이 증가하고 있는 동남아시아 국가에 대한 수출도 계속 증가하였단다.

◇ 경제협력개발기구(OECD) 가입

경제협력개발기구(OECD)는 1961년 9월 서유럽 18개국이 속해 있었던 유럽경제협력기구에 미국과 캐나다가 가입하면서 탄생했어.

선진 자본주의 국가끼리 힘을 모아 높은 경제 성장과 일자리를 원하는 사람들은 모두 일할 수 있는 경제 환경을 만들어 사람들의 생활 수준을 높이고, 개발도상국의 경제 발전을 돕기 위해 자금을 지원하고, 자유로운 무역을 늘리는 것을 목적으로 내세우고 있지.

1964년에는 일본, 1971년에는 오스트레일리아가 회원국이 되었는데, 회원국들이 모두 선진국들이어서 OECD를 선진국 클럽이라고도 한다.

OECD 회원국이 되려면 먼저 외환 거래가 자유롭게 이루어지고 수입을 제한하지 않는다는 IMF(국제통화기금)와 GATT(관세 및 무역에 관한 일반협정)의 요구 조건을 충족해야 되었어.

한국은 1986년부터 4년간 상당한 규모의 경상수지 흑자를 기록하게 되었으므로 국내 산업을 보호하기 위해 환율이나 수입에 대한 제한의 필요성이 줄어들었단다. 그래서 OECD 회원국이 되어 외환과 무역에 있어 자유로운 거래를 보장해도 문제없다는 자신감이 생겼지.

문민 정부는 신경제 계획을 세우면서 경제 선진국이 되는 날을 앞당기기 위해 OECD 가입을 계획하였고, 1995년 3월 말에 가입신청서를 제출하였어. 선진국 클럽인 OECD의 회원국이 되면 한국이 선진국임을 세계적으로 인정받는다고 보았거든.

1996년 10월 11일 드디어 OECD 회원국으로 가입할 수 있다는 승인이 났고, 대통령과 언론은 '우리도 드디어 선진국이 되었다.'며 축배를 들었단다. 국민들도 이를 기쁘게 받아들였지.

그런데 1996년 하반기 세계 경제가 침체되자 국내 경제도 불안한 모습을 보였어. 크게 오르지 않고 안정되었던 물가가 다시 뛰기 시작했고, 갑자기 늘어난 국민들의 해외여행으로 인해 우리 국민이 해외에서 쓴 돈이 외국인들이 한국에 와서 쓴 돈보다 훨씬 많아져 적자폭이 커졌어. 또, 수출에 비해 수입이 엄청나게 늘어나 무역수지도 사상 최대의 적자를 기록하였단다.

그러자 OECD에 가입하여 우리나라 자본 시장을 외국인들에게 개방하면 국내 경제가 더욱 나빠질 수 있으므로 가입을 늦추어야 한다는 반대 의견이 나오기 시작했어.

그러나 정부는 OECD 가입을 밀고 나갔고, 1996년 12월 12일 일본에 이어 아시아에서는 두 번째로, 29번째 정식회원국이 된 거야.

OECD 가입으로 인해 국제 사회에서 한국에 대한 신용도가 올라갔어. 그래서 우리나라 금융기관들은 예전보다 낮은 금리로 돈을 빌릴 수 있게 되었지. 또, 세계가 우리의 활동 무대라는 자신감도 생겼지.

그러나 글로벌 스탠더드를 받아들일 여건이 제대로 갖추어지지 않은 상태에서 가입을 서두르는 바람에 우리 경제에 부담이 되는 부분도 많았단다.

전에는 정부가 규제를 통해서 국내 시장을 보호할 수 있었지만 OECD 가입국이 되면 이런 일을 하는 것이 어려워지거든. 뿐만 아니라 OECD 가입 이후 은행들은 예전보다 돈을 더 많이 자주 빌리게 되어 외국에 진 빚의 규모가 커졌어.

빚을 내어 명품 가방을 사서 들고 다니는 사람들은 이런 허영으로 인해 눈물을 흘릴 날을 맞이하게 돼.

우리나라도 마찬가지였어. 외국에서 돈을 빌려준다니까 앞뒤 가리지 않고 돈을 빌려서 겉을 근사하게 만드는 동안 속에서 생긴 문제는 점점 커졌지. 이런 경제 부실로 인해 바로 눈물겨운 대가를 치르게 되었단다.

◇ 날벼락처럼 닥친 경제 위기

지원이 아버지는 IMF 때문에 취직하기로 한 기업에서 합격 취소 통보를 받고 다시 직장을 구하기 위해 고생했다고 했지? 당시에는 아마 날벼락을 맞은 기분이었을 거야.

그런데 1997년 말과 1998년 초에는 이렇게 황당한 일을 당한 사람들이 한두 명이 아니었단다. 은행 5개를 포함한 290개의 금융 기관과 17개 대기업을 포함한 4만여 개의 기업들이 문을 닫아서 그곳에서 일하던 사람들이 일터를 잃게 되었거든.

1995년 1인당 국민소득 1만 달러, 수출 1,000억 달러 돌파라는 기록과 1996년 OECD 가입을 성사시키며 축제 분위기에 들떠 있던 우리나라 경제는 1997년 엄청난 위기를 겪게 되었어.

위기를 겪게 된 근본 원인은 우리가 외국에서 돈을 빌리는 일을 너무 쉽게 생각했기 때문이었지. 기업들은 여태까지의 성장만 믿고 겁 없이 빚을 내어 사업을 키웠고, 안일하게도 정부는 그것이 심각한 문제를 일으키지 않을 거라고 판단했어.

    우리나라 기업들은 기업을 만들 때 들어간 자본보다 훨씬 많은 돈을 빌려서 기계를 사고 공장을 세우는 식으로 위험한 경영을 했지. 금융 기관도 예금된 돈이 부족하면 다른 나라 금융 기관에서 돈을 빌린 후 이를 기업에 빌려주는 등 무리한 영업을 했어.

    우리 기업이나 금융 기관 또는 정부 기관이 외국에서 빌려온 돈을 외채라고 하는데 1997년 11월 말 기준으로 우리나라의 외채는 1천5백69억 달러 정도였고, 1년 안에 갚아야 할 외채는 9백22억 달러나 되었단다.

    1997년 초 우리나라에서 대기업들이 망해서 문을 닫는 일이 이어지자 우리나라에 투자했던 외국인들은 우리나라 경제 사정을 불안하다고 보았어. 혹시 투자한 돈을 날리는 것이 아닐까 걱정하기 시작했지.

엎친 데 덮친 격으로 태국, 인도네시아, 말레이시아 등 다른 아시아 국가들의 경제도 아주 불안한 상황이었어. 아시아 경제 전체를 위험하다고 판단했던 외국인들은 아시아 시장에 대한 투자를 줄이기로 마음먹었어.

그래서 10월부터는 홍콩과 한국 등에서 사들였던 비교적 안정된 기업들의 주식까지 팔기 시작했단다. 주식을 팔아 회수한 돈은 외화로 바꾸어 자기 나라로 송금했지.

우리나라 외환 시장에서 달러화를 사겠다는 사람이 많아지면 달러화를 바꾸기 위해 필요한 원화, 즉 달러화에 대한 원화의 환율은 올라가.

예를 들어 어제는 1달러를 1,250원을 주고 살 수 있어서 환율이 1,250원이었는데, 오늘은 달러화를 사겠다는 사람이 많아서 1,300원을 주어야 한다면 환율은 1,300원이 되는 거야.

외국인들이 송금을 하기 위해 계속 달러화를 사들이니까 달러화에 대한 원화의 환율은 하루가 다르게 올라갔어.

급속하게 오르는 환율을 안정시키기 위해 정부는 비상시를 대비해 가지고 있던 외환 보유고를 풀어서 외환 시장에 계속 달러를 공급했단다. 정부의 노력에도 불구하고 11월 1일에 964원 80전이었던 환율이 12월 4일에는 1,249원 80전이 되었어. 한 달 조금 넘는 동안 무려 30퍼센트나 오른 거야.

외국인들은 주식만 팔아치운 것이 아니라 우리 금융 기관이나 기업에 빌려주었던 돈도 갚으라고 독촉했어. 신용에 문제가 없었을 때에는 대출

만기, 즉 돈을 갚아야 하는 날이 되면 이자만 받고 원금은 다시 빌려주었어.

그런데 한국의 신용 상태가 나빠지니까 만기일이 되면 무조건 돈을 갚으라고 한 거야. 새로 돈을 빌려준다는 곳은 없고, 빌린 돈은 갚아야 하니까 우리가 가지고 있던 외화는 바닥이 났지.

1997년 11월 하순이 되어 밑 빠진 독에 물을 붓듯 달러화를 공급하여 외환 보유고가 거의 바닥을 드러내자 정부도 더 이상 버틸 재간이 없었단다.

이런 경우 정부가 취할 수 있는 방법은 빌린 돈을 갚지 못하겠다고 국가 부도를 선언하거나, IMF에서 돈을 빌리는 것뿐이야.

당시 한국 경제는 일시적으로 외화가 부족한 상황이었지 경제 회복이 불가능한 상태였던 것은 아니라 IMF에 도움을 받으면 문제를 해결할 수 있었어.

그런데 IMF는 조건 없이 돈을 빌려주지 않아. 돈을 빌려주면 그 나라의 경제 정책에 관하여 많은 간섭과 요구를 하고, 그들이 요구한 일들이 잘 지켜지고 있는지 낱낱이 감독을 해.

IMF는 경쟁력이 없는 기업이나 금융 기관은 문을 닫아야 한다고 주장했단다. 병에 걸린 부분을 도려내는 수술이 병든 사람을 살릴 수 있는 길이 되듯이 스스로 살아날 능력이 없는 기업들은 문을 닫고, 경쟁력을 갖춘 기업만이 살아남도록 해야 전체 경제를 살릴 수 있다는 거지.

IMF의 요구를 들어주려다 보니 정부는 많은 기업의 문을 강제로 닫게 할 수밖에 없었어. 문을 닫는 지경까지 가지는 않았지만 비용을 줄여서 살아남으려고 직원을 줄이거나 월급을 올려 주지 못하는 기업은 셀 수도 없이 많았단다.

직장을 잃거나 월급이 줄어서 사람들이 쓸 돈이 적어지니까 소비가 줄어들었지. 소비가 줄면 물건이 팔리지 않으니 생산을 줄여야 해서 사람들의 일자리는 자꾸 줄어들었단다. 사람들이 수술을 하면 회복할 때까지 시간이 필요하듯 우리 경제도 이렇게 어려운 시간을 견디어야 했어.

또 외국 자본이 들어와서 우리 기업이나 금융 기관을 헐값에 사 버린 일도 생겼어. 전에는 외국 자본이 들어와서 우리 기업이나 금융 기관의 주인이 되는 것이 법으로 금지됐었단다.

그런데 IMF는 돈을 빌려주는 대가로 외국 자본이 들어와 자유롭게 투자할 수 있도록 시장을 개방해야 한다고 강력하게 요구했기 때문에 이런 일이 벌어졌던 거야.

우리나라 경제가 이렇게 수모를 당하는 것을 보고 한강의 기적을 칭송했던 해외 언론들은 '한국은 샴페인을 너무 일찍 터뜨렸다.'며 조롱하였지. 그러나 한국 사람들은 위기를 만나면 오뚝이 정신이 살아나는 장점을 가지고 있단다.

IMF가 국내 경제 정책에 대해 간섭을 하자 사람들은 조선 말기 일본에 진 빚으로 인해 일본이 조선 경제를 지배했을 때의 울분을 다시 느꼈어. 1907년 일본에 진 빚을 갚기 위해서 국채보상운동이 일어났던 것처럼 1998년 1월부터 외화를 벌어들이기 위해 국민들이 가진 금을 모아 수출하자는 운동이 벌어졌지.

전국적으로 '금 모으기' 열풍
이 불어 장롱 속에 묻어 두었던
금반지, 금목걸이, 아기 돌 반
지와 팔찌 등을 챙겨 들고 나왔
단다. 이렇게 하여 모은 금을
수출하고 받은 외화가 약 20억
달러였을 정도로 국민들의 호
응이 높았어.

▲금 모으기 운동 참여를 위해 모여든 사람들

온 국민이 한마음이 되어 경제 위기 극복을 위해 노력한 덕분에 한국은
2001년 8월에 IMF에서 빌린 돈을 모두 갚을 수 있었지. 뿐만 아니라 경제
위기를 겪으면서 경제 기반을 튼튼히 하고 겉모습만 근사한 나라가 아닌
정말 힘 있는 나라가 되어야 한다는 반성을 하게 되었단다.

◇ 3D 업종의 외국인 노동자

요즘은 지하철이나 버스, 시장이나 길거리 등에서 한국에서 일하고 있
는 외국인들을 자주 볼 수 있어. 서울의 대림동이나 구로동, 안산의 원곡
동처럼 외국인들이 많이 거주하는 곳에는 이들을 위한 식품점이나 식당,
여행사 등이 들어서고 각 나라의 언어로 표시된 간판들이 생겨나면서 거리
풍경도 바뀌었지.

우리나라 사람들 중에도 일자리를 찾지 못해 시름에 빠진 사람들이 있
는데, 왜 외국인들에게 일자리를 내어 주게 된 걸까?

국내 산업의 규모가 지속적으로 커지면서 일자리가 늘어나자 근로 환경이 좋지 못한 중소 제조업체에서 일하려는 사람을 찾기가 점점 어려워졌어. 또한 1987년 이후 노동 운동이 활발해지면서 노동자들의 임금 수준이 빠른 속도로 오르기 시작했지.

임금 수준이 올라가 생산 비용이 늘어나자 기업들은 둘 중 하나의 방법을 택하기 시작했어. 공장을 동남아시아 등 해외로 옮겨서 현지에서 값싸고 풍부한 노동력을 활용해 생산을 하거나 국내 공장에서 일하려는 외국인 노동자를 고용하는 것이었지.

그래서 도금을 하거나 높은 온도의 쇳물을 나르는 공장, 냄새가 심한 염색공장 등 더럽고(Dirty), 위험하고(Dangerous), 힘든(Difficult) 일을 하는 3D 업종의 공장들에서 불법으로 일하는 외국인들이 생겨났단다.

일손을 찾지 못한 중소기업체에서는 정부에 외국인 노동자들이 한국에서 합법적으로 일할 수 있는 제도를 만들어 달라고 계속 요청했어. 그래서 1993년 11월부터 외국인이 연수생 자격으로 들어와 일을 하는 외국인 산업 연수제도가 생겼단다.

그러나 일을 할 수 있도록 허가된 연수생의 수는 중소기업체에서 필요한 일손보다 훨씬 적어서 불법으로 외국인을 고용하는 일은 더욱 늘어났어.

▲코리안 드림을 꿈꾸며 한국에서 일하는 외국인 노동자

또, 불법으로 일을 하는 사람들의 임금이 산업연수생보다 더 높다는 사실을 알게 되자 산업연수생들이 정해진 일터를 벗어나 다른 곳으로 옮겨서 불법으로 일하는 경우가 늘어났지.

불법 취업자의 수가 줄어들지 않고, 이들의 신분이 불법이라는 점 때문에 부당하고 억울한 일을 자주 당한다는 비판이 높아지자 외국인 고용 제도를 현실에 맞게 고쳐야 한다는 여론이 일었어.

그래서 2004년 8월부터 한국에서 일하고 싶은 외국인이 자기 나라 정부나 기관을 통해 한국 정부에 노동 허가를 신청하면 허가를 받은 기간 동안 한국에서 일할 수 있도록 해주는 외국인 고용허가제가 실시되었단다.

이로 인해 외국인 노동자들은 한국 사람들에게 적용되는 근로 기준법을 비롯한 여러 법들을 그대로 적용받음으로써 노동자의 기본 권리를 누릴 수 있게 되었어.

외국인 노동자들은 열심히 일을 하여 돈을 벌어 고국으로 돌아가 가족과 함께 단란하게 살아 보려는 꿈을 안고 한국 땅을 밟는단다.

3D 업종에서 땀 흘리며 일하는 외국인 노동자들을 보면 경제개발 초기 농촌에서 도시로 와서 척박한 환경 속에서 묵묵히 일했던 노동자들이 생각나. 이들이 없었다면 한국의 산업화가 성공할 수 없었어. 그와 마찬가지로 외국인 노동자가 없다면 3D 업종에 속하는 일부 산업들은 버티기가 힘들 거야.

◇ 벤처 기업 육성과 닷컴 버블

1990년대 중반부터 미국 경제는 호황에 접어들었어. 경제를 살려 낸 일

등 공신은 컴퓨터와 정보통신 등 첨단 기술로 무장한 벤처 기업이었지.

컴퓨터의 대중화와 인터넷은 기술 혁명에 날개를 달아 주었고, 인터넷을 바탕으로 한 사업 모델을 내세운 닷컴 기업들이 폭발적으로 늘어났단다.

기술력은 갖추었지만 자금이 부족했던 닷컴 기업들은 경영에 필요한 돈을 나스닥 시장을 통하여 조달하였어.

나스닥은 당장 돈은 벌지 못하지만 발전 가능성이 높은 기업의 주식 거래가 이루어지는 주식 시장이야. 나스닥 시장에서 주식을 사고팔아서 돈을 번 사람들이 많아지자 닷컴 기업에 대한 투자가 엄청나게 늘어났고, 이로 인해 닷컴 버블이 생기게 되었단다.

닷컴 버블이 무엇이냐고? 경제에서의 거품, 즉 버블은 시장에서 실질 가치보다 가격이 높게 매겨진 경우에 생겨. 부동산이나 주식 등 특정 시장에서 투기가 일어나 짧은 시간에 많은 돈이 몰리면서 가격이 올랐을 때 생기지.

1990년대 미국과 일부 국가에서의 주가 상승으로 인해 생긴 버블은 닷컴 기업이 원인이었기 때문에 이를 닷컴 버블이라고 해.

비눗방울이 너무 커지다 보면 결국 터져 버리듯 경제의 버블도 언젠가는 터지기 마련이야. 거품이 꺼지면 실질 가치보다 오른 만큼 가격이 하락하게 되지.

닷컴 버블도 2000년 3월부터 꺼지기 시작하여 닷컴 기업들의 주가는 폭락하였어. 1년도 되지 않아 평균적인 주식 가격은 반 토막이 났고, 2002년

10월에는 최고 수준의 20% 정도까지 추락하였단다. 100달러에 산 주식이 20달러 수준까지 내려간 거지.

그런데 우리나라에서도 똑같은 현상이 벌어졌단다. 1990년대에 들어서자 무엇이든 새로운 성장을 가능하게 해줄 거리를 찾아야만 했던 정부에서는 미국 닷컴기업들의 성공을 보고 눈이 번쩍 뜨였지. 그래서 벤처 기업을 키우기로 했고, 이를 위한 제도들을 하나 둘씩 마련하였어.

벤처 기업이란 첨단 기술과 아이디어를 개발하여 사업에 도전하는 창조적인 중소기업이야. 기술이나 아이디어를 시장에서 검증받지 않은 상태라 성공 확률이 낮아서 모험 기업 또는 위험 기업이라고 부르기도 하지.

먼저, 1996년 7월 나스닥 시장처럼 벤처 기업들의 자금을 마련할 수 있도록 코스닥 시장이 개설되었으며, 1997년에는 대규모 벤처 타운 건설 계획을 세웠고, 벤처 기업 육성에 관한 특별 조치법을 만들었지.

경제 위기를 극복하는 과정에서 새로운 일자리를 만들기 위해 벤처 기업을 키우는 일은 더욱 중요시되었어. 새로운 기업을 만드는 데 필요한 자금지원과 세금을 덜 낼 수 있도록 하는 혜택이 주어졌고, 사무실을 아주 저렴한 가격으로 사용할 수 있는 벤처창업보육센터도 120여 개나 만들어졌단다.

정부의 지원에 힘입어 벤처 기업들의 창업이 붐을 이루었는데, 강남역과 역삼역 사이의 테헤란로 근처를 미국의 실리콘밸리에 견주어 테헤란밸리라고 부르는 말도 생겨났어.

반짝이는 아이디어와 뜨거운 열정으로 뭉친 벤처 기업의 직원들이 밤을 낮 삼아 일했던 테헤란밸리에는 한밤중에도 불이 켜진 건물이 많았단다.

정부가 벤처 기업을 적극 지원한다는 소식과 나스닥 시장의 주가가 올라서 큰돈을 벌었다는 해외 뉴스를 들은 사람들은 벤처 기업을 황금알을 낳는 거위로 생각하였지.

코스닥 시장에서 '묻지마 투자'가 일어나서 기업 경영 상태나 성장 가능성을 따져 보지도 않고 아무 주식이나 사들이는 거야. 그래서 1999년 2월부터 1년 동안 코스닥 지수가 4배 이상 오를 정도로 주가가 올랐고, 결과적으로 엄청난 거품이 만들어졌단다.

미국의 닷컴 버블 붕괴는 한국에도 직격탄을 날렸지. 나스닥 시장과 마

▼한밤중에도 불이 꺼지지 않았던 벤처 기업들의 둥지, 테헤란로

찬가지로 코스닥 시장에서도 주가가 폭락하여 2000년 말에는 최고였던 시기의 20% 이하로 떨어졌단다.

투자했던 기업들이 문을 닫아 주식들이 휴지 조각이 되어 버려서 투자한 돈을 모두 날리고 엄청난 고통을 당했던 사람들도 많았지. 심지어 스스로 목숨을 끊는 사람까지 있었어.

버블 붕괴 후 확실하게 이윤을 내지 못하는 미국의 닷컴 기업들은 투자를 받을 수 없자 모호한 전망이나 홍보 대신 새로운 기술과 비즈니스 모델로 승부를 거는 쪽으로 돌아섰어.

그러나 정부의 육성 정책에 의존하여 성장하였던 한국에서는 스스로 기술 혁신을 할 능력이 없는 닷컴 기업들이 대부분이었단다.

경영이 어려워져 파산하는 벤처 기업의 수가 많아지자 2004년 정부는 다시 벤처 기업 지원에 나섰어. 덕분에 전체 GDP에서 정보 기술 산업이 차지하는 비중은 2002년에는 11.1%였던 것이 2006년에는 27.5%로 높아졌지.

그러나 우리나라는 하드웨어 분야의 기술력이나 인터넷 사용자 비율 면에서는 세계 최고이지만 정보 기술 산업에서 비중이 점점 더 커지고 있는 소프트웨어 분야에서는 경쟁력을 갖추지 못했단다.

벤처 기업 육성은 우리에게 여전히 중요한 과제야. 대기업 중심의 경제 성장에는 한계가 있고, 대기업 제품이 경쟁력을 갖추려면 부품을 만드는 중소기업의 기술력도 세계적 수준이 되어야 하기 때문이지.

대기업은 지속적인 기술 개발로 제품을 수출하고 있지만 중소기업의 기술력이 쫓아가지 못해서 수출품의 부품을 일본 등 다른 선진국으로부터 수입하는 경우가 많거든.

그러므로 우리나라 경제의 지속적인 성장을 위해서는 첨단 기술력을 가진 벤처 기업들이 뿌리를 내리고 국제 경쟁력을 갖추어야만 한단다.

◇ 세계인이 사랑하는 한국산 휴대전화

1973년 미국 모토롤라사가 첫 휴대전화를 개발했는데, 사람들이 이를 사용하게 된 시기는 1983년이었어.

우리나라에서는 1984년에 자동차 안에서 통화가 가능한 카폰이 먼저 등장했고, 88올림픽을 계기로 휴대전화 사용이 시작되었지.

당시 가장 많은 사람들이 선택했던 휴대전화 모델은 모토롤라 다이나택 8000이었는데, 휴대전화를 개통하려면 가입비, 설치비, 단말기 값을 모두 합쳐서 400만 원이라는 큰돈이 필요했어.

엑셀 승용차 한 대 가격이 500만 원이었으니 휴대전화는 보통 사람들에게는 그림의 떡이었지.

1991년 삼성, 금성, 현대 등 국내 기업들도 휴대전화를 만들어 국내 시장에 내놓았어. 그래도 사람들은 여전히 모토롤라, 노키아, 에릭슨 등 해외기업에서 만든 휴대전화를 좋아했단다.

그러나 1994년부터 애니콜 시리즈가 엄청난 인기를 끌면서 1995년 7월부터 삼성전자가 만든 휴대전화가 국내 시장에서 가장 많이 팔리게 되었어.

"한국 지형에 강하다."라는 실용성을 강조하거나 "막연히 외제만 찾던

시대는 지났습니다."라는 우리나라 민족의 자존심을 내세운 광고 전략이
사람들의 마음을 움직였거든.

　1998년 한국에서 팔린 휴대전화 960만 대 중 510만 대가 삼성전자 제품
일 정도였으니 두 명 중 한 명은 삼성전자 휴대전화를 들고 다녔던 거지.

　국내에서 한국산 휴대전화가 인기를 끌게 되자 1996년에는 해외로 수출
을 하기 시작하여 첫해 47만 달러의 수출 기록을 세웠어. 국내 기업들은
이동정보통신 서비스의 활성화와 더불어 더 가볍고 작으면서 값이 싼 휴대
전화를 계속 개발하였단다.

　휴대전화를 처음 만든 곳은 미국이었지만 다양한 기능과 화려한 음향
을 자랑하는 우리나라 휴대전화가 세계적으로 인기를 끌면서 수출 실적이
급속도로 늘어서 2008년에는 221억 1천4백만 달러의 수출 실적을 기록했
어. 전 세계에서 팔리는 휴대전화의 25%가 한국산 휴대전화였으니, 인기

가 대단했지?

그러나 첨단 기술 경쟁 시장에서는 잠시만 한눈을 팔면 금방 다른 기업에게 선두를 빼앗기게 된단다. 2008년 애플의 스마트폰 열풍이 불자 한국산 휴대전화 수출은 내리막길로 들어섰고, 2009년과 2010년의 수출 실적은 181억 1천5백만 달러, 152억 8천8백만 달러로 감소하였어.

특히 유럽 수출이 큰 폭으로 감소했는데 이는 스마트폰 시장을 애플과 노키아가 잡았기 때문이야. 다행히 2011년 한국산 스마트폰은 다시 경쟁력을 회복하였고, 세계인이 가장 많이 찾는 휴대전화의 자리를 되찾게 되었단다. 정말 다행이지?

◇ 국민복지제도의 확대

2000년 10월 최만득 아저씨는 ATM기 앞에서 숨을 한번 크게 들이켰어. 통장 정리 버튼을 누르는 손이 가늘게 떨렸지. 정리할 내용이 없다면서 통장이 그냥 나오면 어쩌나 가슴이 조마조마했는데, '뚜득 뚜득 뚜득' 글자 찍히는 소리가 들렸어.

통장에 찍힌 숫자를 조심스럽게 살폈더니 80만 원이 넘는 돈이 입금되어 있었어. 아저씨가 상자 생산 공장을 운영했던 시절에는 80만 원은 큰돈이 아니었어. 하지만 이제 이 돈은 가족들의 한 달 생활비야.

1997년 경제 위기 때 상자를 납품했던 기업 몇 개가 버티지 못하고 문을 닫아 상자대금을 받지 못했단다. 그 여파로 아저씨가 경영했던 공장도 문을 닫을 수밖에 없었어. 그리고 택배 업체에 취직했는데 9개월 전 허리를 다쳐서 일을 그만둘 수밖에 없었지.

하늘이 무너져도 솟아날 구멍이 있다더니 앞이 캄캄했던 아저씨에게 반가운 소식이 들렸어. 국민기초생활보장법이라는 것이 만들어져서 2000년 10월부터 정부가 생활이 어려운 가구에게 지원금을 준다는 것이었어.

돈이 입금된 걸 확인한 아저씨의 눈에는 눈물이 고였단다. 다친 허리가 회복되어 다시 일하게 될 때까지 끼니 걱정은 덜게 되었으니 너무 감사한 일이었지. 국민기초생활보장제도란 최저 생계비, 즉 한 달간 살아가는 데 꼭 필요한 생활비 이하의 소득이 있는 가구에 생활비를 지원하고 스스로 일어설 수 있도록 도와주는 제도야.

1997년 경제 위기 이전에는 18세 미만이나 65세 이상인 사람과 임산부, 장애인 등 일을 하여 돈을 벌 능력이 없는 사람들만 대상이 되었는데, 경제 위기로 일자리를 잃은 사람들이 쏟아져 나오자 어려움을 겪는 다른 사람들도 대상이 되도록 법을 고쳤어. 그래서 최만득 아저씨도 혜택을 받게 된 거란다.

"가난은 나라님도 구제하지 못 한다."는 옛말이 있어. 대부분 국민들이 빈곤에 허덕이던 시절에는 가난은 개인들이 스스로 해결해야 할 문제였지.

하지만 경제 성장이 이루어지자 이제 모든 국민들이 기본 생활은 가능할 정도의 복지는 이루어져야 한다는 의견이 힘을 얻게 되었어. 2001년 정부의 지원금을 받는 기초생활보장 대상자는 인구의 3% 정도에 해당하는 142만 명이었는데, 2011년에는 160만 명 정도 되었다가 2013년에는 139만 명으로 줄어들었어. 대상자를 늘리기 위한 예산을 마련하는 일이 여의

치 않아 혜택을 보는 사람의 숫자는 별 변동이 없었지.

국민기초생활보장제도는 2015년 법이 개정되면서 변화를 맞이해. 지원 항목이 생계, 의료, 주거, 교육 등으로 나뉘어 각 가정의 상황에 맞는 급여를 지급하게 되었어. 혜택도 꾸준히 늘어서 2015년 165만 명(인구의 3.2%)이었던 생계급여를 받는 기초생활수급자가 2022년에 245만 명(인구의 4.8%)으로 증가했고.

국민복지제도가 처음 실시되었을 때에는 국민기초생활보장처럼 경제적으로 힘든 계층에 대한 선별적 복지 정책이 이루어졌어. 선별적 복지는 일부 사람들에게만 제공되므로 작은 예산으로도 실시가 가능해.

그런데 복지에 대한 관심이 높아지면서 선별적 복지와 보편적 복지에 대한 논쟁이 일어나게 되었어. 보편적 복지란 모든 사람들에게 같은 복지 혜택을 주는 것을 말해. 2011년에는 무상급식을 둘러싸고 복지 혜택에 대한 문제가 정치권의 뜨거운 논쟁거리가 되었단다.

살림을 꾸려 나가는 원칙은 가정이나 국가나 다를 것이 없단다. 벌어들이는 돈보다 더 쓰게 되면 언젠가 파탄이 날 것은 불을 보듯 뻔해.

복지 혜택에 들어가는 예산을 확보할 길은 마련하지 않고, 혜택을 늘리겠다고 홍보하거나 세금 내는 일에는 인색하면서 혜택은 늘려야 한다고 주장하는 일은 모두 나라 살림이 파탄날 것을 염두에 두지 않는 무책임한 행동이야.

그래서 복지에 대해 논쟁을 벌이기 전에 국민들 사이에 '일하고 생산하는 복지사회'를 이루어야 한다는 성숙한 문화가 뿌리 내려야 해.

◇ 21세기 무역의 추세는 자유무역협정(FTA)

2004년 2월 16일 오후, 국회에서는 한-칠레 자유무역협정 비준에 대한 투표가 이루어졌어. 재적 의원 271명 중 234명이 참석한 가운데 비준 동의안에 대한 기명 투표가 벌어졌지. 결과는 찬성 162표, 반대 71표, 기권 1표로 비준 동의안이 가결되었단다.

이 소식이 전해지자 여의도 국회의사당 앞에 모여든 3천여 명의 농민들은 성난 음성으로 구호를 외쳤어.

"비준 동의안은 무효다!"

돌멩이와 소주병을 던지며 국회로 들어가려는 농민들도 있었지.

이날 국회에서는 한-칠레 FTA로 인한 농가 피해를 최소화하기 위한 특별법도 함께 통과되었어.

반대로 자동차, 휴대전화, 전자제품 등을 수출하는 기업의 사무실에서는 수출이 늘어날 거라는 기대로 웃음꽃이 피었단다.

예상했던 것처럼 한-칠레 FTA 체결 이후 칠레산 포도와 와인을 비롯한 농산물의 수입은 늘어났고, 한국산 자동차와 가전제품의 칠레 수출은 증가했지.

보통은 거절하는 일도 친한 친구가 부탁하면 들어 줄 때가 있지? 국제무역에서도 마찬가지야. 1990년대 중반부터 서로 좋은 조건으로 무역을 하기로 약속한 나라끼리는 관세를 내리거나 다른 나라와의 무역에는 적용하지 않는 유리한 혜택을 주는 경향이 늘어났어. 이러한 혜택 부여는 자유무역협정(FTA: Free Trade Agreement)을 체결함으로써 이루어지지.

FTA 체결은 계속 늘어나고 있어서 다른 나라가 우리나라의 수출 상대
국과 먼저 FTA를 맺는다면 우리나라는 기존 수출 시장까지 잃어버리게 될
위험이 있어. 반대로 우리나라가 먼저 FTA를 맺고 먼저 낮은 관세를 물고
수출을 하게 되면 수출 시장을 키울 수 있지.

그래서 한국은 1998년 11월 칠레와 FTA를 맺기로 결정했고, 1999년 12
월부터 협상을 시작했단다. 첫 FTA 체결 대상 국가로 칠레를 택한 것은
우리나라와 교역량이 적고 칠레의 경제 규모가 상대적으로 작아서 체결을
했을 때 국내 산업에 미치는 영향이 크지 않으리라고 판단했기 때문이야.

그러나 한–칠레 FTA가 효력을 발휘하게 되면 피해를 입게 될 농민들

의 반대가 심하여 예상보다 진행이 늦어졌어. 우여곡절을 겪은 후 2003년 2월 칠레와의 FTA에 서명이 이루어졌고, 2004년 4월 1일부터 효력이 발생하였지. 그때까지 세계무역기구(WTO)에 속했던 148개 회원국 중 단 한 건의 FTA도 발효시키지 않았던 나라는 한국과 몽골뿐이었단다.

2003년 한국의 무역 규모가 세계 12위였다는 점을 감안하면 사실 한국의 FTA 체결은 상당히 늦은 감이 있다고 할 수 있어.

한-칠레 FTA를 시작으로 2006년부터 2014년까지 싱가포르, 유럽자유무역연합(EFTA), 아세안 국가, 인도, 페루, 유럽연합(EU), 미국, 터키, 콜롬비아 등과의 FTA가 발효되었어.

2000년대 들어서 FTA 체결은 세계적인 흐름으로 자리 잡았어. 세계 총무역량의 50% 이상이 FTA를 체결한 국가들 간에 이루어지고 있단다. 이런 흐름을 거스를 수 없다면 정부는 FTA 체결을 계속 추진하되, 이를 국민들에게 제대로 알려야 해.

협상 내용과 과정을 국민들에게 자세하게 알려서 무엇이 우리에게 득이 되는지 이해시키고, 피해를 보는 사람들에 대한 대책을 마련하는 등 국민들이 납득할 수 있는 결과를 이끌어내야 할 거야.

미국과 FTA를 체결하기 전 2008년 6월 쇠고기 협상을 할 때 한국에서 이를 반대하는 대규모 촛불 집회가 열렸어. 국민들에게 협상 내용이나 과정을 제대로 알리지 않고 급하게 협상을 매듭짓자 이를 빌미 삼아 정부에 대한 분노를 촛불 집회라는 형식으로 나타낸 거란다.

나라를 위해 좋은 일이라도 국민들의 알 권리가 존중되지 않으면 이런 감정 싸움이 일어난다는 걸 교훈으로 남긴 일이었지.

◇ 국가의 과제가 된 저출생 문제

"둘만 낳아 잘 키우자." 또는 "잘 키운 딸 하나 열 아들 안 부럽다."는 말을 들어 본 적이 있니? 아기를 낳지 않아 걱정인 요즘은 호랑이 담배 피우던 시절의 이야기처럼 들리지만 한국에서도 인구가 너무 늘어나 문제가 되었던 시절이 있었단다.

1970년대까지 출산율은 계속 4명 이상이어서 이런 표어를 내세우며 출산율을 낮추기 위한 가족계획 사업이 활발히 벌어졌지. 출산율이란 여성 1명이 평생 낳는 자녀 수를 말해. 그대로 두면 좁은 국토가 늘어나는 인구로 폭발해 버릴 것만 같았거든.

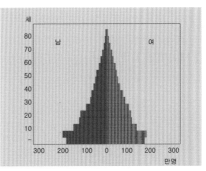

▲1960년 인구 피라미드

1983년 인구가 4천만 명이 넘자 '하나씩만 낳아도 삼천리는 초만원'이라는 절박한 표어까지 나오게 되었어. 다행히 1983년 출산율은 2.08명으로 떨어졌단다.

그러나 직장에서 일하는 여성들이 늘어나면서 한국의 출산율은 점점 낮아지게 되었어. 2005년 10월

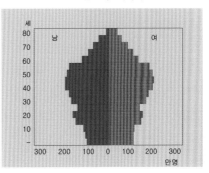

▲2015년 인구 피라미드

발표된 출산율은 너무 낮아서 우리에게 큰 충격을 주었지. 출산율은 1.16 명까지 떨어져서 한국이 대만, 폴란드, 체코 등과 함께 세계에서 출산율이 가장 낮은 나라가 되어 버린 거야.

 태어나는 아이가 줄어드는 저출생이 지속되면 일할 수 있는 인구가 줄어들어. 일할 수 있는 나이에 해당하는 15세 이상 64세까지의 인구를 생산 가능 인구라고 하지. 2010년 생산 가능 인구는 3,561만 명으로 총 인구의 73%였는데 2016년부터 줄어들기 시작해서 2050년에는 총 인구의 절반가량인 2,275만 명이 될 것이라고 해.

보통 경제가 성장해야 일자리도 많아지며 국민소득도 늘어나기 때문에 경제 성장률은 높을수록 좋다고 생각하지. 그러나 경제 성장률이 높으면 물가 상승률도 높아지는 경향이 있으므로 무조건 높다고 좋은 건 아니야.

그래서 물가 상승에 영향을 주지 않는 범위 내에서 이루어지는 경제 성장이 가장 좋다고 봐.

이런 성장률을 잠재 성장률이라고 하는데, 잠재 성장률이 높으면 지속적인 경제 성장이 가능한 나라가 되는 거야. 우수한 노동력이 많아지고, 생산 자금도 풍부하며, 기술력이 계속 발전하면 잠재 성장률이 높아져. 그런데 저출생이 지속되면 일할 인구가 줄어들어 잠재 성장률이 떨어지고, 지속적 경제 성장이 어려워지므로 이를 걱정하는 거란다.

출산율이 심각하게 낮아지자 아기를 낳고 기르는 일은 개인의 문제가 아닌 국가의 지속적 발전을 위한 사회 문제로 보게 되었지. 그래서 국가 차원에서 아기를 낳고, 기르고, 교육시키는 일에 대한 대책을 세우기 시작했어.

가장 대표적인 예가 직장을 가진 여성들이 자녀를 기르기가 힘들어 아기 낳기를 주저하는 점을 감안하여 2001년부터 실시한 육아휴직제도야.

만8세 이하 또는 초등학교 2학년 이하의 자녀를 가진 부모가 육아휴직을 청구하면 일 년 동안 직장에서 일하지 않고 집에서 자녀를 돌볼 수 있어. 육아휴직을 하게 되면 일을 쉬는 동안 소득이 없으므로 정부에서는 일정한 금액의 지원금을 준단다.

또한 2011년부터 출산과 보육에 관련된 부문에서는 '선별적 복지' 대신

'보편적 복지'를 택하기로 복지 정책의 방향도 바뀌었어. 보편적 복지 제도란 해당되는 모든 사람에게 똑같이 적용이 되는 복지 제도를 말해.

소득에 관계없이 모든 가정에 대해 자녀를 기르는 데 들어가는 돈의 일부를 국가가 지원하기로 한 것은 미래 세대를 기르는 일이 국가도 함께 책임져야 될 만큼 중요하기 때문이었지.

그러나 여러 대책에도 불구하고 출산율은 더욱 떨어져, 2018년에 0.98명, 2023년에는 0.72명이 되었어. 1970년대 초반에는 한 해에 태어나는 아기가 100만 명이 넘었는데, 2010년에 50만 명, 2022년에 25만 명에도 미치지 못했고. 이로 인한 인구 구조의 변화는 2030년 이후 잠재성장률에 직격탄을 날릴 거라는 전망이야. 2021년 경제협력개발기구(OECD)가 펴낸 보고서에 따르면 현재 상황이 변하지 않는다면 2030~2060년 한국의 잠재성장률은 연 0.8%라고 해. 이는 OECD 평균(1.1%)보다 낮고, 캐나다와 함께 38개국 중 공동 꼴찌 수준이었어. 정말 걱정이지?

◇ 원조를 받았던 나라에서 원조를 주는 나라로

한 나라 안에서 살림살이가 넉넉한 사람들이 생활이 어려운 사람들을 도와주면 한결 따뜻하고 살기 좋은 나라가 될 수 있어. 마찬가지로 잘사는 나라들이 경제적으로 어려운 나라들을 도와주면 세계는 훨씬 따뜻해지겠지?

사실 6.25전쟁 중이나 전쟁 이후 먹을거리가 없었을 때 미국의 원조 물품이 없었다면 우리나라 사람들은 굶주림에 허덕이며 살았을 거야. 경제개발이 시작되었을 때에도 선진국들의 원조가 없었다면 공장을 짓거나 생산 기술을 익힐 수 없어서 가난을 벗어나기 어려웠을 수도 있어. 그러니까 한국의 경제 성장은 우리만의 공이 아니라는 생각이 들어.

OECD 안에는 개발원조위원회(DAC: Development Assistance Committee)라는 기구가 있어. 이 기구는 가난하고 기술력이 떨어져 경제적으로 힘든 나라를 돕는 일을 해. 전 세계 원조의 90% 이상이 DAC를 통해서 이루어지고 있지.

2009년 11월 25일 한국은 DAC의 24번째 회원국이 됨으로써 한국이 경제개발이 뒤진 나라를 원조한다는 것을 공식적으로 알렸어. 우리가 DAC 회원국이 되면서 한국의 경제개발을 돕기 위해 1963년 설립됐던 유엔개발계획(UNDP) 서울사무소는 문을 닫았고. 다른 나라의 원조에 힘입어 경제개발을 이루었던 한국이 경제 성장을 이루고 사정이 좋아져서 반대로 원조를 주는 나라로 변신하게 된 거야.

우리 속담에 "시작이 반"이라는 말이 있듯이 원조에 적극 참여한다는 의지를 밝힌 건 높이 평가할 일이었어. 하지만 2009년 한국의 원조 규모는 국민총소득(GNI)의 0.09%에 해당하는 8억 달러 정도로 미미했지. 이후 원조 금액은 꾸준히 늘어서 2023년에 31.3억 달러가 되었지만 그리 자랑할 수준은 아니야. 이는 국민총소득의 0.18% 정도인데, 유엔에서는 DAC 회원국에게 국민총소득의 0.7%를 원조하라고 권하고 있거든.

아직 원조 규모는 미미하지만 우리는 다른 원조국들이 할 수 없는 역할을 할 수 있어. 원조를 받았다고 모든 나라가 한국처럼 경제 발전을 이루었던건 아니야. 우리나라보다 원조를 더 받았던 인도나 이집트, 파키스탄 등의 경제 발전은 한국에 비해 많이 뒤떨어졌지.

탄자니아 모로고로에 세워졌던 신발공장처럼 원조가 아무런 결실을 거두지 못했던 경우도 있고. 1980년대 초 세계은행의 원조를 받아 신발공장을 세우면서 탄자니아 사람들은 'Made in Tanzania' 신발을 수출하여 가난을 벗어날 꿈을 꾸었어. 그런데 이 공장은 1990년 문을 닫았지.

실패 원인은 여럿이야. 열대지역의 특성을 고려하지 않고 공장을 지어서 알루미늄 공장 벽이 햇빛을 받아 달아오르면 공장 안은 찜통이 되어 숨쉬기도 힘들 정도였대. 기계가 고장 나도 수리할 기술력을 갖추지 못했고, 수리에 필요한 부품의 공급도 제대로 이루어지지 않았지. 이 공장에서는

생산 가능량의 5% 이상의 신발을 생산한 날이 하루도 없었어.

원조가 효과를 보려면 원조를 받은 나라의 사람들이 잘살겠다는 의지를 가지고, 생산 기술을 익히고, 자기 나라에 맞는 생산 환경을 연구하는 등 준비가 필요해. 그래서 한국은 돈을 주는 도움만 아니라 우리가 경제개발을 통해 얻은 경험과 교훈을 알려주어 원조의 효율성을 높이는 일을 할 수 있는 유일한 나라로 주목을 받고 있어.

◇ 둔화된 성장 속도

1995년~2005년 한국 경제의 평균 경제성장률은 4.4%로 직전 10년 (1985년~1995년) 평균 성장률 8.7%의 절반 수준으로 낮아졌어. 경제가 어느 정도 성장하면 보통 개발 초기보다 성장률이 낮아지지만, 이런 경제성장률은 우리보다 경제 수준이 높은 선진국보다도 낮아서 걱정이 많았지.

1인당 국민소득 2만 달러 이상인 나라들이 국민소득 1만 달러에서 2만 달러에 이르는 데 걸린 기간은 평균 8.9년이었어. 이탈리아는 5년, 일본은 6년, 영국은 9년, 미국은 10년, 독일과 프랑스는 11년, 오스트레일리아는 16년이 걸렸지. 그런데 1995년 1만 달러를 넘었던 한국의 1인당 국민소득은 11년이 지난 2006년에야 2만 달러를 넘어섰단다. 평균보다 2년 이상 더 걸린 셈이지.

경제 성장이 둔화된 이유는 투자가 제대로 이루어지지 않았기 때문이야. 산업화 이후 세계에서 가장 먼저 1인당 국민소득 1만 달러에 도달했던 한국 경제가 왜 이렇게 되었을까?

축구 경기를 보면 공격수 중심의 경기를 하여 득점을 높여서 승리하려는 팀이 있는가 하면 수비를 강화하여 상대방이 득점을 하지 못하게 해서 이기려는 팀이 있어.

기업이 공격적 경영을 하면 끊임없이 새로운 기술과 제품을 개발하거나 새로운 시장을 개척하기 위해 노력해. 방어적 경영을 하면 이미 차지하고 있는 자리를 내놓지 않고 다른 기업이 자기들 분야에 진출하는 걸 막는 전략을 펴게 되고.

공격 중심의 축구가 수비 중심의 축구보다 골 득점 기회가 높듯이 경영도 마찬가지야. 무언가 새로운 걸 찾기 위해 노력하다 보면 그걸 얻을 확률이 높아져. 그런데 1997년 경제 위기 이후 우리나라 기업은 방어적 경영을 해서 새로운 시설투자를 줄이거나 늦추어서 혁신적 기술 개발이 별로 이루어지지 않았어.

기업의 방어적 경영은 다른 문제를 만들었지. 기업이 투자를 위해 돈을 빌리지 않자 금융 회사는 돈을 빌려줄 다른 곳을 찾아야만 했어. 그래서 개인에게 대출을 권했고, 금융 회사에서 돈을 빌려 부동산을 사는 사람들이 늘어났단다.

부동산을 산다는 사람이 늘어나니까 2000년대 초반부터 부동산 가격이 오르기 시작했어. 정부가 부동산 투기를 잠재울 대책을 내놓을 때마다 부동산 가격은 더 오르는 청개구리 현상이 발생하면서 부동산 시장에는 거품이 생겼어. 경제의 거품은 결국 꺼지고 거품이 꺼지면 가격은 내려가. 2000년대 후반 들어 부동산 가격이 내리막길을 걷게 되면서 경제 상황은 더욱 어려워졌어.

반면 중국을 비롯하여 풍부한 자원과 노동력을 가진 신흥경제국들은 무서운 속도로 성장하여 세계 시장에서의 한국 상품의 경쟁력을 위협하였지.

그렇다고 우리나라 경제는 성장 잠재력을 모두 잃어버린 것은 아니었어. 비 온 후에 땅이 굳는다는 말처럼 경제 위기를 겪으면서 기업과 금융회사의 건전성은 국제기준 이상으로 높아졌어. 방어적 경영으로 활력은 줄어들었지만, 외부 충격에 흔들릴 위험성도 줄었던 거야.

경제 발전을 지속할 기초 체력도 유지하고 있었고, 한국은 제2차 세계대전 후 독립한 나라 중 유일하게 선진국형 산업구조를 갖추고 있었거든. 자동차, 조선, 철강, 석유화학 같은 중화학공업이 발달하였고, 정보통신 분야 중 하드웨어 부문에서는 여전히 세계 선두권을 달리고 있었으니까. 그러나 새로운 성장 동력을 찾지 못해서 답답하긴 했어.

◇ 무역 1조 달러 달성, 그러나 풀어야 할 문제들

크고 작은 문제들은 계속 생겼어도 이를 잘 넘기며 우리나라 경제는 1990년대 중반까지 지속적으로 발전하였어. 1997년 IMF에서 돈을 빌려서 국가 부도 사태를 막아야 할 정도의 경제 위기를 겪었지만 잘 극복했고. 그러나 신화와 감동이 함께했던 역동적 분위기는 잃어버리고 말았어.

우리나라처럼 수출에 의존하는 나라는 세계 경제가 좋아야 나라 경제도 좋아져. 그런데 2000년대 후반부터 세계 경제가 침체를 겪고 있어서 더욱 힘들었어. 2008년 리먼 브라더스라는 금융 회사가 파산하면서 미국 금융 시장에 문제가 생겼는데 미국의 금융 위기는 곧바로 유럽으로 번졌지. 미국과 유럽 같은 경제 선진국에서 문제가 발생했고, 이들 나라가 경제 회복의 실마리를 찾지 못해서 우리의 시름은 깊어만 갔지.

이렇게 불리한 상황에서도 2011년 12월 5일 우리나라 수출이 5,151억 달러, 수입 4,860억 달러를 기록하며 전체 무역 규모가 1조 달러를 돌파했단다. 미국, 독일, 중국, 일본, 프랑스, 이탈리아, 영국, 네덜란드에 이어 세계에서 9번째로 무역 1조 달러를 달성한 나라가 된 거야.

1962년 5억 달러 정도였던 무역 규모가 2,000배 이상 늘어났고 세계 65위에서 9위의 무역 국가가 되었어. 네덜란드를 제외하고 우리보다 먼저 무역 1조 달러를 달성한 나라들은 모두 우리나라보다 넓은 국토 면적과 많은 인구를 가졌다는 점을 고려하면 정말 대단한 일이지.

우리나라가 이런 무역 강국이 될 수 있었던 것은 경제개발 초기부터 국내 시장이 크지 않으므로 수출을 통해 경제 성장을 이룬다는 목표를 정했

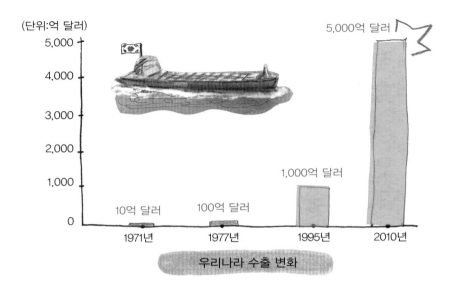

(단위:억 달러)

우리나라 수출 변화

고, 이를 밀고 나갔기 때문이야.

　1971년 10억 달러, 1977년 100억 달러, 1995년 1,000억 달러를 넘어섰던 수출은 2010년 11월 세계에서 8번째로 5,000억 달러를 넘어서는 기록을 세웠어. 수출 대상 국가도 지난 1970년 137개국에서 2012년 232개국으로 늘었고. 수출 품목도 1970년 섬유, 합판, 가발 등 경공업 분야에서 반도체, 선박, 자동차, 휴대전화 등 중공업과 정보통신 제품 쪽으로 바뀌었지.

　그러나 무역 규모가 이렇게 커졌다고 무조건 좋아할 일은 아니야. 무역 의존도가 지나치게 높아졌거든. 무역 의존도란 한 나라의 경제에서 무역이 차지하는 정도를 나타내는 지표야. 우리나라의 무역 의존도는 계속 높아지다가 2013년에는 수출, 수입을 합한 무역액이 국내총생산(GDP)보다 커져서 100%를 넘기도 했어. 2010년 후반부터 60% 정도로 낮아졌는데 2022년에는 다시 80% 수준으로 올라갔어.

무역 의존도가 높다 보니 세계 어디서든 문제가 발생하면 수출이 타격을 받을 거라고 예상되어 국내 경제가 바로 충격을 받는 일이 되풀이되고 있단다. 간밤에 일어났던 해외 경제 뉴스는 다음날 아침 한국 주식이나 외환시장에 어김없이 영향을 주지.

수출에 있어서 대기업의 역할이 지나치게 큰 것도 문제야. 1980년대까지는 수출이 늘어나면 자연스럽게 일자리가 늘어나고 소득과 소비가 증가해서 경제 성장으로 이어지곤 했어. 그러나 수출 증가가 대기업 중심으로 이루어지면서 이러한 효과가 줄어들었단다. 대기업이 가격이 저렴하다는 이유로 수출품 생산에 필요한 부품을 국내 중소기업 제품 대신 수입품을 사용하는 비중을 늘렸거든.

또한 수출품의 포장이나 운송, 보관 등 수출과 관련된 일들도 중소기업에 맡기지 않고 자기들이 투자하여 만든 계열 회사에서 기계화나 자동화를 통하여 처리하고 있어. 기계화된 작업장에서는 사람들의 손길이 별로 필요하지 않아 일자리가 늘지 않아. 그래서 경제가 성장해도 일자리가 늘지 않는 현상이 생겼단다.

◇ 개발도상국에서 선진국으로

1997년 경제 위기 이후 경제 성장이 둔화되자 중진국 함정에 빠졌다면서 우리나라 경제의 앞날을 걱정하는 소리가 커졌어. 중진국 함정이란 개발도상국이 경제발전 초기에는 순조롭게 성장하다가 중진국 수준에 이르러서는 성장이 멈추며 제자리를 맴도는 상태를 말해.

아무리 뛰어난 선수라고 하더라도 감기가 들었거나 다리를 다치는 등 일시적으로 운동을 하기 힘든 경우에는 시합에 나가서 좋은 결과를 거둘 수 없어. 그러나 건강을 회복하여 연습을 하게 된다면 다시 좋은 성적을 낼 수 있지?

우리나라 경제는 기초 체력이나 실력은 문제없는데 잠시 감기에 걸린 선수와 같았어. 다행히 2000년대 들어서 바이오산업, 신소재산업, 문화콘텐츠 산업, 의료서비스 산업 등 새로운 분야에 도전했던 기업들이 자리 잡으며 우리나라 경제에 대한 염려를 덜어주었지.

셀트리온은 2012년 한국식품의약품안전처로부터 자가면역질환 치료제 램시마의 제품 허가를 받으며 세계에서 처음으로 바이오의약품 복제약(바이오시밀러) 시장의 개척자가 되었어. 2013년 유럽의약품청으로부터 허가를 받으며 수출길을 열었고, 2016년에는 미국 FDA로부터 판매 승인을 받았단다.

2011년 설립된 삼성바이오로직스는 세계적인 바이오제약기업의 위탁생산을 하면서 기술력을 먼저 다지는 경영 전략을 택했어. 삼성전자가 반도체 공장을 건설할 때처럼 설계와 건축공사를 동시에 진행하여 공장 착공 25개월 만에 생산력을 갖추고, 2013년 스위스 로슈와 미국 제약회사 비엠에스와 생산 계약을 했지. 그리고 2015년 미국, 2016년 유럽, 2017년 일본에서 제조허가 승인을 받으며 착실하게 기반을 다졌어.

바이오 기업들이 이런 성과를 보여주자 2010년대 후반 한국 주식시장에서는 바이오 열풍이 불었단다.

새로운 산업 분야에서의 성과에 힘입어 2018년에 한국의 1인당 국민소득은 3만 달러를 넘어섰어. 2020년에는 국내총생산 1조 6309억 달러를 기록하여 세계 10위의 경제 규모를 가진 나라가 되었고. 그러자 2021년 7월 유엔무역개발회의(UNCTAD) 회의에서 모든 회원국은 우리나라의 지위를 선진국으로 바꾸는데 동의했어. 지금까지 유엔무역개발회의에서 개발도상국에서 선진국으로 지위를 바꾼 나라는 우리나라뿐이야.

대기업들의 국제경쟁력도 세계적인 수준으로 높아졌어. 세계적인 브랜드 컨설팅그룹 '인터브랜드'는 1999년부터 매년 기업의 브랜드 가치를 기준으로 세계 100대 브랜드 기업을 발표해. 2023년 최상위 10개 브랜드 기업은 1위부터 애플, 마이크로소프트, 아마존, 구글, 삼성전자, 도요타, 메르세데스-벤츠, 코카콜라, 나이키, BMW 순이었어. 미국에 본사를 두지 않은 기업으로 5위 안에 들어간 기업은 한국의 삼성전자뿐이야.

2000년 42위로 처음으로 세계 100대 기업에 진입했던 삼성전자는 해마다 순위가 올라가며 2020년부터 연속 5위로 선정되었어. 세계 시장에서 반도체, 휴대전화, 가전제품 등 삼성전자 제품의 인기가 지속적으로 높아졌거든.

2023년 32위로 선정된 현대자동차는 2005년부터, 88위로 선정된 기아자동차는 2012년부터 세계 100대 브랜드 기업의 자리를 유지하고 있어.

이처럼 한국의 경제적 위상이 높아졌으니 우리 국민은 더 행복해졌을까? 안타깝게도 아니란다.

2012년부터 국제연합에서는 각 나라의 국내총생산, 기대수명, 사회적 환경 등을 평가해서 행복 지수를 구하고 이를 토대로 만든 '세계 행복보고서'를 발표해.

'2024 세계 행복보고서'에 따르면 우리나라의 행복 지수는 143개국 중 52위였어. 1인당 국민소득이나 기대수명은 길지만 사회적 환경은 좋지 않다는 평가를 받았거든. 자신의 삶을 자유롭게 선택할 여지가 적고, 어려울 때 친구나 친지의 도움을 받기 어렵고, 정부와 사회 시스템이 투명하지 않다는 사람들이 많아서야.

경제적으로는 선진국이 되었어도 삶의 질은 나아지지 않는 환경이 지속된다면 어떻게 될까? 사람 사이의 갈등은 더욱 커지게 되고 사회에 불만을 가진 사람들이 늘어나 불안한 세상이 될 거야.

이제 우리는 잘못된 흐름을 바로 잡아서 밝고 희망찬 나라를 만들어야 해. 말로만 좋은 세상을 만들자고 하면 아무런 변화도 일어나지 않을 거야. 모든 국민이 행복하고 골고루 잘사는 사회로 나아가려면 문제를 해결할 수 있는 구체적인 방안을 마련하고 이를 제도화하여 실행에 옮겨야 해.

1910년 8월 29일은 일본에 주권을 빼앗겼던 한일합병이 이루어졌던 날로 역사에서는 이 날을 경술국치일이라고 해. 경술국치 84주년이었던 1994년 8월 29일 삼성전자는 기자 회견을 청하였어.

이 자리에서 차세대 메모리 반도체인 256M D램을 세계 최초로 개발하는 데 성공했다고 밝혔지. 한국 메모리 반도체 산업 기술이 세계에서 가장 앞서게 된 사실을 공식적으로 발표한 거야. 그리고 HDTV(고선명 TV), 멀티미디어 등 다가올 정보화 산업 시대를 앞당 기는 계기가 될 것이라는 말도 덧붙였단다.

삼성전자는 1992년 9월 세계 최초로 64M D램을 개발했지만 일본은 자기 나라 기업인 도시바도 비슷한 시기에 64M D램을 개발했다는 이유로 이를 인정하지 않았어. 하지만 삼성전자가 256M D램을 개발했다고 발표했을 때에는 아무 말도 할 수 없었단다.

세계 언론들은 뒤늦게 반도체 산업에 뛰어든 한국이 기술력에서 일본을 앞섰다고 흥분에 찬 기사를 내보냈지.

세계 최초 256M D램 개발 발표 날짜를 '8월 29일'로 잡은 것은 이유가 있었어. 256M D램 개발의 주역이었던 황창규 박사는 IBM, 텍사스인스트루먼트 등 세계 최고 정보통신 기업에서 일해 달라는 요청을 뿌리치고 일본을 이겨보겠다는 뜻을 품고 1989년부터 삼성전자에서 일하기 시작했거든.

그가 이끌었던 삼성전자 256M D램 개발 팀은 일본을 이기겠다는 의지를 가지고 기술 개발에 매진했어. 그리고 뜻을 이루게 되자 국민들에게 일본을 이긴 기쁨을 선사하고 싶어서 의도적으로 이날을 택해서 통쾌한 뉴스를 전했던 것이야.

1987년 일본 기업들이 반도체 불황을 맞아 설비 투자를 줄일 때 삼성전자는 오히려 생산 라인을 늘렸지. 반도체 품목 중 시장 규모가 크고 성장성이 높으며 대량 생산이 가능한 메모리 제품을 택하여 과감하게 투자했던 거야.

그 결과 1992년 세계 D램 시장에서 16M D램을 대량으로 공급할 수 있는 기업은 삼성전자뿐이어서 세계 시장 점유율이 80% 이상에 달했단다.

16M D램 개발 이후 삼성전자는 메모리 부문에서 다른 경쟁 업체보다 언제나 앞서서 기술 개발을 이루었고, 1992년에는 세계 최초 64M D램 개발이라는 성공을 거두었어.

그러나 일본이 이를 인정하지 않았기에 다시 이를 악물고 2년 후 누구나 받아들일 수밖에 없는 세계 최초 256M D램 개발이라는 새로운 역사를 만들어 냈단다.

1990년대 중반부터 개인용 컴퓨터 산업은 폭발적으로 성장하였어. 덕분에 개인용 컴퓨터에 반드시 들어가는 메모리 반도체는 우리의 대표 수출 품목이 되었고, 한국은 메모리 부분에서는 세계 1위의 기술력과 시장 점유율을 자랑하게 되었지.

이야기 2
동북아시아의 허브 인천국제공항

2001년 3월 29일 오전 4시 45분 방콕발 아시아나항공 OZ3423편이 인천국제공항 제2 활주로에 안착했어. 21세기 동북아시아의 허브 공항을 목표로 건설된 인천국제공항이 새로운 역사의 장을 열었던 순간이었지.

영종도와 용유도 사이 바다를 메워 생긴 땅 위에 건설된 인천국제공항은 1단계 공사가 마무리되어 15만 평 규모의 여객터미널과 6만 평의 화물터미널을 갖춰 연간 2천7백만 명의 여객과 170만 톤의 화물을 처리할 수 있게 되었어.

인천국제공항 건설이 처음 계획되었을 때에는 사람들의 수많은 반대에 부딪혔단다. 중

부 지역에 위치하고 있어 다른 지역의 발전을 어렵게 한다. 공항을 건설하는 데 들어가는 막대한 자금 마련이 쉽지 않다. 바다 가까운 곳에 자리 잡고 있어서 자연 재해와 환경 파괴의 위험이 크다는 등 반대하는 이유도 다양했어.

그러나 근처에 인구 2천만 명이 살고 있고, 비행 거리 3시간 30분 이내에 인구 1백만 이상의 도시가 43개나 있어서 동북아 허브 공항으로 자리 잡을 수 있다는 강점을 내세우면서 건설에 박차를 가했단다.

다행히 인천공항은 개항 이후 성장을 거듭했고, 여객 수요가 매년 6% 넘게 증가했어. 2008년 6월 2단계 공사가 끝난 후에는 연간 4천4백만 명의 여객과 450만 톤의 화물을 처리할 수 있게 되었단다.

2018년 1월, 제2여객터미널 완공 등 3단계 사업이 마무리되자 연간 7천2백만 명의 여객과 580만 톤의 화물을 처리할 수 있게 되었고, 현재는 제4활주로 추가 건설을 포함한 4단계 사업이 진행 중이야. 원래 4단계 사업으로 끝내려고 했는데, 제5활주로와 제3여객터미널을 건설하는 5단계 사업이 추가될 예정이지. 모든 공사가 마무리되면 연간 1억2천만 명이 이용할 수 있어 세계 어느 공항에도 손색이 없는 공항이 될 거야.

인천공항은 이미 운영에 있어서는 세계 공항들의 롤 모델이 되고 있고, 전 세계 1천2백 개가 넘는 국제공항 가운데 최고 공항으로 자리 잡았어. 매년 항공업계 평가회사인 스카이트랙스(Skytrax)가 발표하는 세계 TOP100 국제공항 순위에서는 최상위권이고, 국제공항협의회(ACI)가 발표하는 세계 공항 서비스 평가에서도 최상의 서비스를 제공한다는 평가를 받고 있단다.

탑승객 및 환승객을 위한 다양한 편의시설을 갖추고 있고, 테마 이벤트 및 전시, 한국문화 체험공간 등의 보고 즐길 거리를 제공하여 공항 이용객들의 만족도가 아주 높기 때문이지.

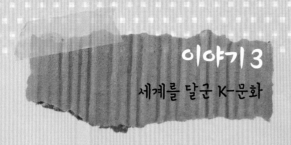
2021년 한국문화예술 분야에서는 반가운 뉴스가 쏟아졌어. 영화 '미나리'에 출연한 배우 윤여정이 한국인 최초로 아카데미 여우조연상을 수상했고, 방탄소년단(BTS)은 '버터' '퍼미션 투 댄스', 콜드플레이와 합작한 '마이 유니버스'로 빌보드 싱글 차트 12주 1위 기록을 세웠지. 넷플릭스 오리지널 시리즈 '오징어게임'이 세계 1위에 오른데 이어 '지옥'은 공개 하루 만에 세계 1위를 차지했고. 2024년에는 아시아 여성으로서는 최초로 한강 작가가 노벨문학상 수상자가 되었어. 이런 K-문화의 성과는 하루아침에 이루어진 건 아니고, 1990년대 후반에 등장했던 '한류 열풍'이 기반이 되었어. '한류'는 한국 대중문화의 인기를 뜻하는 말이야.

1998년 드라마 〈사랑이 뭐길래〉가 중국에서 방영되면서 한국 대중문화는 세계 시장에 알려지기 시작했지. 같은 시기 대만에서는 댄스그룹 '클론'이 큰 인기를 얻었고, 2000년에 방영된 〈별은 내 가슴에〉로 안재욱은 단숨에 중국인의 스타가 되었어.

한류 열풍은 중국과 일본, 동남아시아에서의 한국산 제품의 판매로 이어졌어. 한류 스타를 내세운 마케팅이 큰 성공을 거두었거든. 삼성전자가 중국에서 모니터 제품의 광고 모

델로 안재욱을 내세우자 1999년 43만 대였던 판매량이 2000년에 107만 대로 껑충 뛰었어. 2001년 댄스그룹 핑클이 중국에서 '옙'콘서트를 한 후 2000년 8만 대였던 'MP3 옙'의 판매량이 2001년에는 20만 대로 늘어났지. LG생활건강의 드봉도 베트남 시장을 개척할 때 드라마 〈모델〉을 먼저 방영하고, 주인공 김남주를 모델로 내세우는 전략을 폈어.

2003년과 2004년에 세 차례나 방영되었던 〈겨울 연가〉가 욘사마 열풍을 이끌어내며 일본에서도 한류 열풍이 불었어. 연이어 국내 방영에서 큰 인기를 모았던 〈대장금〉은 아시아를 넘어 중동, 유럽 등 전 세계 60여국에 수출되었지. 〈대장금〉은 헝가리에서는 40%, 이란에서는 90%의 시청률을 기록하여 한국 드라마의 세계화 가능성을 보여주었단다.

2010년 이후 한류는 새로운 도약기를 맞았어. 유튜브, 트위터, 페이스북 등 소셜네트워크서비스(SNS)가 발달하고 인터넷을 통해 손쉽게 한국 문화를 접할 수 있게 되면서 한류의 파급력은 더욱 커졌어. 덕분에 K-문화는 아시아 시장을 넘어 세계 콘텐츠 산업을 주도하는 미국과 유럽 시장에도 도전장을 내밀게 되었던 거야.

한류를 활용하여 문화콘텐츠 수입국에서 수출국으로 변신하고자 했던 노력은 결실을 맺었어. 한류 열풍이 문화콘텐츠의 수출 증가로 이어졌거든. 문화체육관광부에서 발행한 자료에 따르면 2007년까지 콘텐츠산업의 수입이 수출보다 많았으나, 2008년을 기점으로 상황이 바뀌었어. 2007년 19억 4천만 달러였던 콘텐츠산업의 수출은 계속 늘어나 2022년에는 133억 1천만 달러를 기록했지.

한국 대중문화의 인기로 한국을 찾는 외국인 관광객 수도 급증했어. 2008년 698만 명에 불과했던 외국인 관광객은 매년 두 자릿수 증가세를 보이며 2012년 '외국인 관광객 1000만 시대'를 열었지. 한류 스타를 활용한 관광 상품이 개발되고, 남이섬과 제주도 등 드라마나 영화 속 배경이 주요 관광지로 떠오르면서 한국에 매력을 느끼는 외국인이 늘어난 덕분이었지.

11쪽 ⓒ국가기록원, 13쪽 ⓒ국가기록원, 15쪽 ⓒ위키미디어 커먼스, 16쪽 ⓒ국가기록원, 18쪽 ⓒ국가기록원,
20쪽 좌우 ⓒ국가기록원, 38쪽 좌우 ⓒ국가기록원, 41쪽 좌우 ⓒ국가기록원, 43쪽 좌우 ⓒ국가기록원,
45쪽 ⓒ국가기록원, 46쪽 박정희 대통령 기념 도서관 제공, 49쪽 ⓒ국가기록원, 57쪽 ⓒe영상역사관,
62쪽 ⓒe영상역사관, 65쪽 ⓒ국가기록원, 67쪽 ⓒ국가기록원, 70쪽 ⓒ국가기록원, 73쪽 ⓒ국가기록원,
74쪽 ⓒ위키미디어 커먼스, 79쪽 ⓒ국가기록원, 88쪽 좌우 ⓒ위키미디어 커먼스, 93쪽 삼성전자 제공,
95쪽 ⓒ국가기록원, 101쪽 ⓒ국가기록원, 110쪽 ⓒ크리에이티브 커먼스, 115쪽 ⓒ국가기록원, 118쪽 ⓒ국가기록원,
137쪽 상하 ⓒ국가기록원, 148쪽 ⓒ국가기록원, 153쪽 ⓒ위키미디어 커먼스, 182쪽 Freepik의 디자인

알면 알수록 놀라운
한국 경제의 역사

2024년 10월 25일 개정증보판 1쇄 발행

지은이 | 석혜원
그린이 | 지문
발행인 | 김경석
펴낸곳 | 아이앤북
편집자 | 우안숙 노연교
디자인 | 김정선 김희영
마케팅 | 남상희
주　소 | 서울시 성동구 천호대로 424
연락처 | 02-2248-1555
팩　스 | 02-2243-3433
등　록 | 제4-449호

ISBN 979-11-5792-303-8 74080
ISBN 979-11-5792-009-9 (세트)